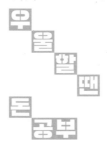

우울할 때 돈 공부

조성준 지음

경영정신

지금까지
돈의 정체를
모르고 살아왔다면

태국의 섬 코사무이에 간 적이 있다. 바다 앞에 있는 리조트에 머물며 꿈결 같은 시간을 보냈다. 휴양지 햇살에는 따스함 이상의 따스함이 있다. 리조트 안에 있는 식당에서 이른 저녁 식사를 했다. 식당 통유리 바깥으로 바다 풍경이 시원하게 펼쳐졌다. 해가 뉘엿뉘엿 지기 시작했다. 하늘과 바다가 인상파 화가들의 그림처럼 황홀한 색으로 뭉개졌다. 해가 바다 품속으로 들어가기 직전 만들어내는 마법 같은 빛깔을 바라보며 잠시 언어를 잃었다. 좋은 의미로 어질어질했다. 이런 황홀한 경험을 돈으로 환산할 수 있을까? 세상에는 돈으로 따지기 어려운 것이 있고, 이 가치 있는 경험이 인간에게 계속 살아갈 이유를 제공한다. 아름다운 기억을 차곡차곡 쌓은 사람일수록 단단해진다. 힘들 때마다 이 기억을 꺼내 먹으며 버틴다. 소중한 기억은 돈으로 가치를 매길 수 없다.

하지만, 코사무이에서 저 아름다운 풍경에 취한 후 곧장 떠오른 생각은 이것이다. '더 열심히 돈을 벌어야겠다.' 소중한 기억은 돈으로 환산할 수 없지만, 적어도 돈이 있어야 좋은 경험을 하나라도 더 내 것으로 만들기 쉽다. 당장 수중에 돈이 없었으면 코사무이행 비행기 티켓을 어떻게 끊었겠는가.

"돈이 인생의 전부가 아니다"라고 말하는 사람들이 있다. 그들은 "돈은 수단이지 목적이 아니다"라고 조언한다. 그런데, 돈은 수단이기 때문에 중요하다. 평생을 돈만 좇는 팍팍한 삶을 살고 싶지 않다면 돈이 있어야 한다. 돈이 부족하면 돈이 인생의 전부가 된다. 그래서 돈 공부가 필요하다. 하루라도 빨리 공부할수록 유리하다.

돈 공부라는 건 투자 공부다. 부동산, 주식, 채권, 금, 비트코인 등 그 어떤 자산에 투자하든 공통점이 있다. 투자란 더 나은 미래를 위해 씨앗을 뿌리는 일이다. 지금 당장 자신의 삶이 척박한 땅처럼 느껴지는 사람이 많을 것이다. 그럼 뭘 해야 할까. 척박한 땅에서도 열매를 얻으려면 일단 씨앗을 뿌려야 한다. 씨앗을 뿌린다고 모든 씨앗에서 100% 확률로 싹이 트는 건 아니다. 하지만 씨앗을 뿌리지 않으면 열매를 못 얻을 확률은 100%다. 아무 일도 하지 않으면 반드시 아무 일도 일어나지 않는다. 지금 내가 할 수 있는 최선의 일을 찾아야 한다. 땅에 씨앗을 뿌리고 물을 주며 더 나은 미래를 상상해야 한다. 투자는 그 자체로 미래지향적 행동이다.

투자는 삶을 통째로 재편하기도 한다. 매달 월급 받을 때마다 조금씩 우량 주식을 모으는 건 절대 쉽지 않다. 평범한 직장인이 고만고만한 월급을 아껴서 주식까지 사려면 포기해야 할 것이 많다. 선택과 집중을 할 시간이다. 내게 필요한 것과 필요하지 않은 것부터 구분해보자. 불필요한 지출을 줄이고, 나쁜 관계도 과감하게 정리해 시간과 에너지를 아껴야 한다. 내 삶을 갉아먹는 군더더기를 계속 덜어내는 편이 좋다. 아파트만 재건축이 필요한 게 아니다. 지금까지 돈을 모르고 살아왔다면 과감하게 자신의 삶을 재건축하는 편이 좋다.

2022년 2월
조성준

Contents

누구에게나 부동산은 중요하다

74

자본주의 생존 공식

126

Contents

정해진
미래

182

GUIDE 5
선택하고 집중하라:
돈 공부는 하루라도 빠를수록 좋다

지금
이 순간,
세상은

258

예술가들의
재테크

최고의 예술가는
최고의 사업가다

312

주식
투자자의
태도

투자에 10분만 투자하라:
주식 공부가 곧 세상 공부다

- 투자는 도박이 아닙니다
- 주식, 이 용어만큼은 알아야죠
- 워런 버핏이 강력 추천하는 투자처
- 주식에 물렸을 땐 어떡하지?
- 당신을 설레게 하는 기업을 사세요
- 왜 아버지들은 주식으로 돈을 잃기만 했을까?
- 왜 똑똑한 사람들도 주식으로 돈을 잃나요?

투자는
도박이
아닙니다

#피터린치
#던킨도너츠
#나이키
#극복되지_않는_위기는_없다

초등학교 1학년 때 있었던 일이다. 학교 앞에는 구멍가게가 있었다. 그곳엔 온갖 불량 식품이 있었고, 가게 한편에는 조그만 오락기도 있었다. 그 시절 내게 그곳은 천국이었다. 그날도 방과 후에 친구들과 천국에 입성했다. 주머니에서 동전을 꺼내 불량 식품을 사려는 순간 누군가가 목덜미를 잡아챘다. 뒤돌아보니 담임이었다. 선생님은 무서운 눈으로 나를 쏘아봤다. 천국은 한순간 지옥이 됐다. 선생님은 나를 교무실로 데려갔고, 내 앞에서 엄마에게 전화를 걸었다. 선생님은 이렇게 말했다. "어머님, 아이들에게 돈 주면 안 돼요." 어린아이가 벌써 돈을 알면 버릇이 나빠진다는 의미였다. 그날 이후로 한동안 나는 돈을 무서워했다.

그 시절엔 아이들 앞에서 돈 애기하는 것 자체가 금기였다. 어른도 마찬가지였다. 누구나 돈을 좋아하지만, 대놓고 좋아하는 티를 못 냈다. '돈을 벌기 위해 악착같이 산다'라는 것을 왠지 천박하게 여기는 시대였다. 문제는 '돈=악'이라는 인식이 낳은 결과다. 우리나라의 금융 문맹은 경제 수준을 고려하면 심각한 수준이다. 사람들은 막연히 돈을 좋아할 뿐, 돈의 속성에 대해 잘 모른다. 재산을 어떻게 관리하고 불려야 할지 막막해한다. 왜 재산을 불려야 하는지 모르는 사람도 있다. 금융 문맹의 결과는 처참하다. 대한민국의 노인 빈곤율은 OECD에 가입한 국가 중 압도적 1등이다.

이제야 모두가
돈 이야기를 한다

코로나가 터지며 상황이 바뀌기 시작했다. 멀쩡하던 직장도 휘청거렸다. 욜로족들은 이러다가 한순간 골로 갈 수 있다는 공포를 학습했다. 사람들은 드디어 눈을 떴다. '나를 지켜주는 건 돈이다.' 그렇다면 어떻게 돈을 불릴 것인가. 열심히 저금해봐야 저금리 시대에서는 재산이 불어나지 않는다. 그래서 너도나도 주식계좌를 팠고, 월급 외에도 추가 수입을 올리기 위해 공부하고 있다. 부업은 밀레니얼 세대 트렌드다. 대놓고 돈 이야기하는 시대가 왔다.

문제는 금융 문맹 상태로 무턱대고 주식투자 세계에 입성한 경우다. 주식은 돈 복사기가 아니다. 누구나 돈을 벌기 위해 주식을 사지만, 모두가 돈을 벌진 않는다. 금융 문맹일수록 실패할 확률은 높다. 투자의 시작은 증권계좌 개설이 아니다. 투자에 적합한 태도와 원칙을 갖추는 것이 우선이다. 준비 없이 투자한다는 건 어린이가 총 없이 전쟁터에 나가는 것과 같다. 주식투자를 시작하려는 사람이라면 적어도 이 분야에서 가장 성공한 사람 이야기를 들어봐야 한다. 소개할 사람은 피터 린치다.

월스트리트의 전설
피터 린치

피터 린치는 월스트리트의 전설적인 펀드매니저다. 피터 린치를 전설로 만든 건 그가 운용한 마젤란펀드다. 그는 13년간 이 펀드를 운용하며 2700%라는 수익률을 올렸다. 은퇴 후 피터 린치는 우울한 데이터를 마주했다. 자신의 펀드에 돈을 맡긴 고객 중 절반은 돈을 잃었다. 막대한 수익을 올린 펀드에 가입하고도 어떻게 돈을 잃을 수 있을까. 이유는 간단했다. 수익률에 일희일비하며 펀드에 돈을 넣고 빼기를 반복했기 때문이다. 비싸게 사서 싸게 판 것이다. 경이로운 수익률을 기록한 금융상품에 투자하고도 돈을 잃는 사람을 위해 피터 린치는 책을 썼다. 그가 은퇴 직후 집필한 『전설로 떠나는 월가의 영웅』은 1989년에 첫 출간 됐다. 오늘날에도 투자 서적 바이블로 꼽힌다. 주식에 입문하려는 사람은 한번쯤 읽어볼 만한 책이다. 승리하는 투자자가 되려면 어떤 자세를 갖춰야 할까. 피터 린치의 조언을 정리해봤다.

주식투자에 실패하는
근본적인 이유

피터 린치는 이렇게 말했다. "부동산에서 돈을 벌고 주식에선 돈을 잃는 이유가 있다. 집을 선택할 때는 몇 달을 투자해 공부하지만, 주식 선정은 몇 분 만에 끝내기 때문이다."

꼭 부동산까지 안 가도 된다. 우리는 전자제품 하나를 살 때도 리뷰 수십 개를 꼼꼼히 읽는다. 조금이라도 싸게 사기 위해 최저가 쇼핑몰을 찾아낸다. 더 나아가 번거로운 해외 구매를 선택하기도 한다. 음식을 주문할 때도 배달 앱에 작성된 리뷰와 별점을 따진다. 모두 현명한 소비자다.

그런데 현명한 사람도 유독 주식 앞에서는 다른 사람이 된다. 주변 추천만으로 선뜻 투자를 결정하고, 그저 느낌만 믿고 종목을 고르기도 한다. 해당 기업이 정확히 어떤 사업으로 어느 정도 이익을 내는지도 모르면서 돈을 건다. 그래서 피터 린치는 이렇게 말한다. "당신이 투자한 기업에 대해 2분 만에 설명할 수 있는가?" 이 말은 투자한 기업에 대해 일목요연하게 설명할 수 있을 만큼 공부가 필요하다는 의미다. 예컨대, 삼성전자에 투자한 사람이라면 적어도 이 기업에 투자하지 않은 사람보다 삼성전자에 대해 많이 알아야한다. 주식투자의 본질은 기업에 내 돈을 맡기는 것이다. 내돈을 가져간 기업이 나를 대신해 열심히 일하고 부를 창출한 후 다시 내게 이익을 나누는 구조다. 피땀 흘려 번 돈을 형편없는 기업에 맡겨선 안 된다. 기업을 연구하지 않고 투자하는 건 눈 감고 달리기를 하는 것과 같다.

시장을
예측하지 마라

피터 린치처럼 투자 대가에 오른 사람은 공통점이 있다. 그
들은 불확실성에 맞서 싸우려 하지 않는다. 예컨대, 누가 코
로나라는 위기를 예측할 수 있었겠나. 자본주의라는 시스템
이 태어난 이래 코로나급 경제 위기는 몇 번이나 있었다. 경
제 대공황, 제2차 세계대전, 닷컴버블 붕괴, 글로벌 금융위
기 등등. 크고 작은 충격은 시도 때도 없이 일어났다. 당장
다음 주에 증시가 무너지지 말란 법도 없다. 경제 쇼크는 자
연재해에 가깝다. 개인이 소나기 같은 자연재해를 일일이 예
측하고 대비할 순 없다. 그래서 피터 린치는 이렇게 말한다.
"경제 예측은 불필요하다. 불가능하기 때문이다."

　'내년 한국 경제는 어떨까', '코스피 지수는 언제 4000이
넘을까', '버블은 언제 붕괴할까'. 이런 질문에 정답은 없다.
아무도 정확히 맞출 수 없다. 피터 린치는 경제 전망에 신경
쓸수록 투자에서 손실 볼 위험이 크다고 말한다. 온갖 부정
적인 뉴스가 쏟아질 때 투자자는 공포를 집어먹기 쉽다. 그
래서 투자한 기업에 전혀 문제가 없는데도, 손절을 선택한

다. 피터 린치는 이렇게 말했다. "당신이 경제 전망을 알아보는 데 13분 이상 시간을 쓴다면 10분은 낭비한 것이다." 코로나가 세상을 거세게 할퀴었을 때 거의 모든 기업 주가가 폭락했다. 하지만 겨우 1년이 채 지나지 않았을 때, 강한 기업들 몸값은 오히려 코로나 이전보다도 높아졌다. 극복되지 않는 위기는 없다. 증시는 항상 파도처럼 출렁인다. 무수한 파도를 일일이 상대해선 안 되고, 상대할 수도 없다. 우리가 집중해야 할 대상은 오직 투자한 기업 그 자체다.

평범한 당신이
펀드매니저를 이길 수 있다

피터 린치를 스타 펀드매니저로 만들어준 결정적 기업은 던킨도너츠다. 그는 출근길에 도넛과 커피를 사 들고 회사에 갔다. 유독 맛이 괜찮은 가게가 있었는데 그곳이 던킨도너츠였다. 그는 항상 고객으로 북적거리는 던킨도너츠를 보며 흥미를 느꼈다. 던킨도너츠의 재무제표를 분석했다. 그 결과 주가가 저평가됐다고 판단했다. 피터 린치는 과감하게 이 기업에 투자했고 훗날 10배 이상 이익을 거뒀다.

위 사례처럼 피터 린치는 일상 속에서 투자 아이디어를 찾아야 한다고 주장한다. 이 분야에서만큼은 펀드매니저보다 일반인이 더 유리하다고 말한다. 펀드매니저는 당장 수익률을 내야 하는 직업이다. 그래서 지금 잘나가는 기업에 관심을 둘 수밖에 없다. 반대로 일반인은 고정관념을 버리고 주변을 바라볼 수 있다. 거기에 기회가 있다.

내가 일상 속에서 아이디어를 얻어 투자한 사례를 소개해보겠다. 2020년 3월, 코로나로 전 세계 증시가 폭삭 내려앉았다. 나이키 주가도 마찬가지였다. 코로나 직전만 해도 한 주에 100달러 가까이 하던 나이키 주가는 60달러까지 떨어졌다. 코로나로 야외 활동이 제한되다 보니 스포츠 의류를 파는 나이키의 미래는 암울해 보였다. 그런데 반전이 일어났다. '홈트' 열풍이 불면서 운동복 매출이 늘어났다. 이때부터 나의 모든 관심은 나이키에 쏠렸다. 출퇴근 시간 지하철, 버스에서 사람들 운동화만 봤다. 어딜 가든 10명 중 3명은 나이키 운동화를 신고 있었다. 나이키는 온라인 판매 채널을 강화했다. 과거엔 나이키 한정판 스니커즈를 사려면 오프라인 매장에 가서 전날부터 줄을 서야 했다. 이제 나이키는 홈페이지에서 온라인 추첨 방식으로 한정판을 판매한다.

나는 나이키라는 기업을 더 연구하고자 한정판 구매에 참여해봤다. 나이키가 해당 운동화 판매를 개시하자마자 홈페이지가 마비됐다. 많은 사람이 한꺼번에 몰려왔기 때문이다.

이 기업에 확신이 생겼다. 그때부터 조금씩 주식을 사 모았다. 실제로 나이키는 코로나 기간에도 좋은 실적을 냈다. 특히 온라인 판매 매출이 급성장했다. 주가도 가파르게 올랐다. 앞으로 나이키의 주가가 더 오를 수도 있고, 떨어질 수도 있다. 하지만 나이키라는 기업에 큰 문제가 생기지 않는 한 주식을 팔 생각은 없다.

개인적인 투자 이야기를 길게 한 이유가 있다. 이것이 이 글에서 소개한 피터 린치의 원칙을 종합한 사례이기 때문이다. 주식은 어떻게 접근하느냐에 따라서 투자가 되기도, 도박이 되기도 한다. 당신이 어렵게 번 돈을 도박이라는 사선에 내던져선 안 된다.

주식,
이 용어만큼은
알아야죠

#기초주식용어
#주식투자의_핵심은_기업이다

경제지에 입사한 후 얼마 안 된 날이었다. 수습기자 교육 차원에서 다양한 출입처를 견학했다. 한번은 증권사에 방문했다. 애널리스트 한 분이 나왔다. 그날 애널리스트가 한 말 중 10%도 이해를 못 했다. 아마도 PER, PBR, 밸류에이션, IB, PEF, ROE와 같은 전문용어가 쏟아졌을 테다. 이 수수께끼 같은 용어 앞에서 쩔쩔맸다. 대충 알아들은 척 고개만 끄덕거렸다. '경제지에 취업한 나의 선택이 옳은 것일까'라는 후회까지 스멀스멀 올라왔다.

사람들은 '주식은 어려운 것'이라는 편견을 갖고 있다. 복잡한 주식 용어는 초보 투자자를 주눅 들게 한다. 그런데 월스트리트의 전설 피터 린치는 이렇게 말한다. "주식시장에서 필요한 수학은 초등학교 4학년 수준이면 충분하다."

결국 주식투자의 핵심은 기업이다. '이 기업이 얼마나 돈을 잘 버는가', '버는 돈에 비해 주가는 고평가됐는가, 혹은 저평가됐는가'. 주식 용어 대부분은 이 질문에 대답하기 위해 만들어진 지표다. 투자자 모두가 경제전문가가 될 필요는 없다. 경제신문 기사를 어려움 없이 읽을 지식이면 충분하다. 알아두면 좋은 투자 용어들을 정리해봤다.

초급 편

상장 상장이란 기업이 주식시장에 데뷔하는 것을 의미한다. 우린 상장사에만 주식투자를 할 수 있다. 비상장주식에도 투자할 수 있는 방법은 있지만 아직 거기까진 몰라도 된다.

코스닥/코스피 코스닥은 주로 벤처기업, 중소기업이 상장한 주식시장이다. 코스피는 코스닥보다 덩치가 큰 기업들이 상장한 시장이다. 대기업 대부분은 코스피에 속해 있다.

매수/매도/익절/손절 　매수는 주식을 샀다는 말이다. 매도는 주식을 팔았다는 뜻이다. 익절이란 주식을 산 후 수익을 낸 상태에서 파는 것을 말한다. 반대로 손절은 손해를 본 상태로 주식을 파는 경우다.

상한가/하한가 　우리나라 증시는 안정성을 위해 하루 등락 폭을 30%로 제한한다. 한 기업의 주가가 아무리 폭등해도 하루에 30% 이상 오를 수는 없다. 폭락하더라도 30% 이상 하락하진 않는다. A기업 주가가 하루에 30% 올랐을 때 "A기업 주가가 상한가를 쳤다"라고 말한다.

시가총액 　기업의 현재 주가와 발행 주식 수를 곱한 금액을 시가총액이라고 한다. 흔히 시총이라고 줄여서 말한다. 시총은 기업 몸값 그 자체다. 참고로 애플의 시총은 우리나라 증시에 상장한 모든 기업의 시총을 합친 것보다 많다.

PER(Price Earning Ratio, 주가수익비율) 흔히 '퍼'라고 부른다. PER은 '주가를 주당순이익으로 나눈 것'을 말한다. 수식으로 표현하면 이렇다. PER=주가/주당순이익. 벌써 혼란스러운 사람이 있을 것이다. 차근히 설명해보겠다. 주가가 무엇인지는 모두 알 것이다. 그럼 주당순이익은 무엇인가. A기업이 주식을 총 100만 주 발행했다고 가정해보자. 주당순이익이란 A기업이 벌어들인 이익을 주식 수인 100만 주로 나눈 값이다. 즉, 주당순이익이란 A라는 기업이 주식 1주당 이익을 얼마나 냈는지 알려준다.

그래도 복잡하면, 이것만 기억하라. PER은 이 기업이 실제로 벌어들인 이익이 비해서 주가가 비싼지, 저렴한지 판단하는 지표다. 예컨대, 주가가 1만 원인 기업의 주당순이익이 1000원이라면 PER은 10이다. PER이 낮으면 저평가, 높으면 고평가 주식이다. 흔히 PER이 10 이하면 저평가 주식으로 분류된다. 반대로 PER이 20을 넘어가면 고평가 종목으로 본다. 주의할 점도 있다. PER은 업종마다 다르게 접근해야 한다. IT기업들은 현재 실적보다 미래가치 때문에 주가가 오른다. 그래서 다른 업종보다 PER이 높다.

PBR(Price to Book Ratio, 주가순자산비율)　　PBR도 위에서 설명한 PER처럼 주가의 가치 여부를 따지는 지표다. PBR은 주가를 주당순자산으로 나눈 값이다. PER이 기업의 '이익'으로 주가 고평가 여부를 판단하는 지표라면 PBR은 기업이 보유한 '자산'으로 주가의 적절성을 따진다.

　　PBR이 1배인 기업이 있다고 가정하자. 기업이 보유한 자산의 가치와 현재 주가 가치가 동일하다는 뜻이다. 만약 이 회사가 내일 문을 닫고 자산을 모두 처분하면, 투자자는 딱 현재 주가만큼 현금을 돌려받을 수 있다. 반대로, PBR이 1배 이하라면 현재 이 기업이 보유한 자산 가치보다 주가가 낮게 거래되고 있다는 뜻이다. PBR이 낮다는 건 그만큼 주가가 저평가됐다는 증거다. 사양산업인 경우에도 PBR이 낮게 나온다.

ROE(Return On Equity, 자기자본이익률)　　ROE란 기업이 자신의 자본을 활용해 1년 동안 어느 정도의 이익을 거뒀는지 알려주는 지표다. 쉽게 말해, 어떤 기업이 효율적으로 돈을 잘 벌었는지 알려준다. A기업이 10억을 투자해 1억의 이익을 냈다면 ROE는 10%다. ROE가 높을수록 효율적으로 돈을 잘 버는 기업이다. 참고로 워런 버핏은 ROE가 최소 15% 이상인 기업에 투자하는 것으로 알려져 있다.

고급 편

IPO(Initial Public Offering) 기업이 증시에 상장하려면 IPO를 거쳐야 한다. IPO는 우리나라 말로 '기업공개'다. 상장을 원하는 기업은 '기업공개'를 통해 기업 정보를 샅샅이 공개해야 한다. 지분구조, 재무구조, 주요 경영 이슈 등 상세한 기업 정보를 투명하게 알려야 한다. 흔히 IPO를 한다는 것은 증시에 상장한다는 의미로 사용된다.

스팩(SPAC) 스팩은 최근 경제 기사에 부쩍 자주 등장하는 단어다. 스팩은 'Special Purpose Acquisition Company'의 약자다. 해석하면 '기업인수목적회사'다. 오직 다른 기업을 인수하기 위한 목적으로 탄생한 기업을 스팩이라고 부른다. 스팩은 실체가 없는 회사지만 일단 증시에 상장할 수 있다.

상장한 후 투자자들로부터 자금을 끌어모은다. 이 자금으로 스팩은 합병할 기업을 찾는다. 스팩과 A라는 기업이 합병했다고 가정해보자. 이미 증시에 상장한 스팩 덕분에 A기업도 자동으로 상장사가 된다. 스팩은 스타트업처럼 전통적인 방식으로 증시 입성이 어려운 기업의 상장을 돕는다. 최근 미국은 스팩 투자 광풍이다. 스팩이 어떤 기업을 인수하는가에 따라 단기간에 수익률이 치솟기도 한다. 국내에서 미국 주식에 투자하는 사람들도 최근 스팩에 큰 관심을 보인다.

공매도 사례로 설명해보겠다. 현재 A라는 기업의 주가는 10만 원이다. 그런데 나는 조만간 이 기업의 주가가 내려갈 것 같은 느낌이 든다. 그래서 A기업 주가 하락에 베팅하고 싶다. 일단 A기업의 주식을 가진 사람을 찾는다. 그에게 주식 1개를 빌린다. 이 주식은 며칠 뒤에 갚기로 약속한다. 이렇게 빌린 주식을 다른 투자자에게 현재 가격인 10만 원에 판다. 그럼 내 계좌엔 10만 원이 들어온다. 며칠 뒤 나의 예상대로 A기업 주가가 5만 원으로 떨어졌다. 그러면 나는 5만 원을 주고 A기업 주식 1주를 다시 산다. 며칠 전 내게 이 주식을 빌려줬던 사람에게 갚으면 된다. 즉, 내 돈을 한 푼도 쓰지 않고 5만 원을 벌었다. 이것이 공매도다. 만약 예상과 달리 주가가 오르면 공매도 투자자는 돈을 잃는다.

　공매도는 대형 기관이 주로 사용하는 투자법이다. 공매도를 하려면 일단 누군가로부터 주식을 빌려야 하는데, 개인 투자자는 주식을 빌리기 어렵다. 대부분의 투자자는 주식이 상승하리라 기대하고 투자를 한다. 반대로 공매도 세력은 주가 하락을 바라며 투자한다.

"주식시장에서
필요한 수학은
초등학교 4학년 수준이면
충분하다."

피터 린치(Peter Lynch, 1944~)
월스트리트의 전설적인 투자자, 펀드매니저

워런 버핏이
강력 추천하는
투자처

#펀드
#ETF
#유언장
#투자는_관심_분야부터_시작하라

주식에 투자하는 방법은 크게 두 가지다. 첫 번째는 원하는 기업 주식을 직접 사는 것이다. 두 번째 방법은 펀드다. 펀드 개념부터 정확하게 짚고 넘어가자. 펀드는 고객들로부터 투자금을 끌어모은 자산운용사가 이 돈으로 고객 대신 투자를 하는 상품이다. 주식이 직접투자라면 펀드는 간접투자 상품이다.

펀드의 장점은 금융 전문가들이 내 돈을 알아서 굴려 준다는 점이다. 투자 공부를 충분히 할 여력이 안 되는 개인이라면 직접투자보다 간접투자가 옳은 선택일 수 있다. 또한 펀드는 적은 돈으로도 분산투자 효과를 낸다. 일반적으로 펀드는 수십 개 기업에 투자한다. A라는 펀드 하나에 투자하더라도 결과적으로는 이 상품에 담긴 다양한 기업에 동시에 투자하는 셈이다.

당연히 펀드에도 단점이 있다. 펀드매니저는 공짜로 우리의 돈을 굴려주지 않는다. 투자자는 일정한 주기로 펀드 운용 수수료를 내야 한다. 수익률이 마이너스일 때도 수수료를 지불해야 한다. 수수료는 결코 무시할 수준이 아니다. 시장 상황이 좋지 않아 수익률이 마이너스를 기록하는데, 수수료까지 꼬박꼬박 내야 하는 상황이 닥치면 투자자는 속이 쓰리다. 또한 펀드는 주식처럼 실시간으로 사고팔 수 없다. 펀드는 사는 데도, 파는 데도 최소 3일 이상은 걸린다.

주식과 펀드의
장점만 쏙쏙 뽑아낸 ETF

주식과 펀드의 장점만을 뽑아낸 금융상품이 ETF다. 초보 투자자도 한 번쯤 ETF라는 단어를 들어봤을 테다. ETF 개념부터 알아보자. ETF는 'Exchange Traded Fund'의 약자다. 해석하면 '상장지수펀드'다. ETF 역시 펀드의 한 종류다. 다만 주식처럼 증시에 상장한 펀드다. 투자자들은 개별 주식에 투자하는 방식과 똑같이 ETF를 실시간으로 사고팔 수 있다. ETF는 일반 펀드와 비교해 운용 수수료도 현저히 낮다.

구체적인 상품으로 예를 들어보겠다. 현재 코스피에는 'KODEX 200'이라는 ETF 상품이 있다. 이 상품은 한국을 대표하는 200개 기업에 동시에 투자하는 상품이다. 즉 KODEX 200을 산다는 건 삼성전자, SK하이닉스, 네이버, 현대자동차 등 국내 최상위 기업 200곳에 분산투자하는 거다.

버핏 할아버지가 미리 쓴 유언장

미국 증시로 눈을 돌려보자. 미국은 우리나라보다 ETF 투자가 활성화됐다. 워런 버핏마저 개인 투자자에겐 ETF를 추천했다. 그가 아내와 자식을 위해 미리 써놓은 유언장에는 "유산의 90%는 S&P 500 ETF에 투자하라"라고 적혀 있다. 'S&P 500'이란 미국 상위 기업 500개를 말한다. 개별 기업의 흥망성쇠와 별개로 경제 자체는 꾸준히 성장하기 때문에 마음 편히 ETF에 투자하라는 의미다.

구체적인 산업을 테마로 묶은 ETF도 많다. 요즘 가장 뜨거운 산업은 전기차다. 전기차의 핵심 재료는 배터리다. 발 빠른 투자자들은 테슬라 투자와 함께 배터리를 만드는 기업에도 투자했다. 우리나라에선 SK이노베이션, LG화학, 삼성SDI가 대표적인 전기차 배터리 기업이다. 외국 기업으로는 BYD, 파나소닉 등이 있다. 이 모든 전기차 배터리 기업에 한 방에 투자할 수 있다. 미국 증시에 상장된 'LIT'라는 이름의 ETF를 사면 된다. LIT는 전기차 배터리를 만드는 전세계 주요 기업에 분산투자하는 상품이다.

성장하는 시장에 한 방에 투자

투자는 자신이 평소에 관심 있는 분야에서부터 시작해야 한다. 당신이 유망하다고 생각하는 거의 모든 산업은 이미 ETF로 만들어져 있다. 반려동물, 클라우드, 스트리밍 서비스, 비건, 물류창고 기업 등 특정 산업을 통째로 투자하는

ETF는 지금 이 순간에도 개발되고 있다. 밀레니얼 세대가 사랑하는 브랜드를 모아놓은 ETF도 있고, 기독교 신념에 위반하지 않는 기업만을 골라 투자하는 ETF도 있다.

주식에
물렸을 땐
어떡하지?

#세스클라만
#가치투자
#게임스톱
#주식도_멀리서_보면_희극이다

미국 투자자들 사이에서 '전설의 책'으로 불리는 서적이 있다. 책 이름은 『안전 마진Margin of Safety』이다. 세스 클라만이라는 투자자가 1991년에 출간한 책이다. 이 책은 금세 절판됐다. 한때 아마존에서 『안전 마진』 중고 책은 100만 원 가까운 금액에 거래되기도 했다.

무엇이 이 책을 전설로 만들었을까. 일단 세스 클라만이라는 투자자에 관한 간단한 설명부터. 가장 널리 알려진 주식투자 대가는 워런 버핏이다. 버핏에게도 스승은 있다. 버핏은 벤저민 그레이엄이라는 위대한 투자자의 책을 보며 주식을 배웠다. 벤저민 그레이엄은 '가치투자' 개념을 집대성한 투자자다. 가치투자란 무엇인가. 쉽게 설명하면 저평가된 기업의 주식을 '싸게' 사서 '오랫동안' 보유하는 전략이 가치투자다. 세스 클라만은 버핏과 함께 벤저민 그레이엄의 가치투자를 성공적으로 실현한 투자자로 꼽힌다.

그래서 세스 클라만의 『안전 마진』은 가치투자 전략에 관한 책이다. 이 책은 우리나라에 정식 출간된 적 자체가 없다. 나는 국내 한 투자사가 자체적으로 이 책을 번역한 PDF 자료를 구했다. 주말 반나절을 꼬박 투자해 전설의 책을 다 읽었다. 주식시장에 입문한 지 얼마 안 된 동학개미들을 위한 메시지가 가득했다.

투자자의 가장 큰 적

투자자의 가장 무서운 적은 누구인가. 누군가는 공매도 세력이라고 답할 것이고, 누군가는 기관 혹은 외국인이라고 말할 것이다. 그러나 세스 클라만은 이렇게 말한다. "투자자의 적은 자기 자신이다." 조급한 투자자는 어떻게 자신의 돈을 잃는가. 예를 들어 설명해보겠다. A라는 사람은 삼성전자

주식을 5만 원에 샀다. 주가가 7만 원까지 치솟자 그는 기분 좋게 주식을 팔았다. 그런데 곧 삼성전자 주식이 9만 원까지 올랐다. A의 마음엔 이런 생각이 든다. '조금만 더 참았다 팔았으면 더 벌었을 텐데.' 어쨌거나 A는 돈을 벌었지만, 왠지 손해를 본 느낌이 든다. 그래서 그는 9만 원에 다시 삼성전자 주식을 산다. 그런데 곧 주가가 7만 원으로 떨어진다. 더 떨어질 수 있다는 공포에 A는 삼성전자 주식을 판다. 이런 행위를 몇 번만 반복해도 원금은 금세 증발한다.

어떤 인간도 탄탄대로만을 밟으며 성장하지는 않는다. 기업도 마찬가지다. 세상에는 수많은 경제 변수가 있다. 주가도 계속 움직인다. 조급한 투자자는 작은 이슈에도 깜짝 놀라서 수시로 주식을 사고판다. 그렇게 실패의 길로 들어선다. 통계에 따르면 50대 여성의 주식투자 수익률이 가장 높다. 왜 그럴까? 이유는 하나다. 잘 버티기 때문이다. 인생의 풍파를 많이 겪어본 어머니들은 주가가 조금 출렁인다고 부화뇌동하지 않는다.

나는 투자자인가
투기꾼인가

'빠르게 돈을 벌 수 있는 방법'과 '느리게 돈을 버는 방법'이 있다고 가정해보자. 둘 중에 무엇을 고르겠는가. 당연히 대부분 전자를 택한다. 문제는 이 세상에서 빠르게 돈을 버는 방법은 도박 외에는 거의 없다는 점이다. 세스 클라만은 주식투자자라면 자신이 '투자'를 하고 있는지 '투기'를 하고 있는지 구분해야 한다고 말한다. 주식으로 빠르게 큰돈을 벌고자 하는 사람들은 자신을 투자자라고 생각하겠지만, 사실은 도박에 가까운 투기를 하고 있을 확률이 높다.

전 세계 투자자들의 관심사였던 '게임스톱' 사례를 보자. 미국 투자자들은 인위적으로 이 기업의 주가를 확 올려버렸다. 10달러대였던 주가는 순식간에 300달러 중반까지 치솟았다. 그리고 며칠 뒤 다시 40달러대로 급락했다. 그 뒤로도 롤러코스터처럼 요동치고 있다. 말 그대로 광기다. 누군가는 이 기업에 돈을 베팅해 막대한 이익을 거뒀을 테고, 누군가는 소중한 돈을 날렸을 것이다. 러시안룰렛이나 다름없다.

주식투자로 패가망신한 사람들의 이야기는 너무나 흔하다. 반면, 부동산으로 큰돈을 잃었다는 이야기는 들어본 적이 거의 없을 것이다. 왜 그럴까? 부동산에 투자하는 사람들은 단기간에 큰돈을 벌 생각을 하지 않는다. 부동산은 시간이 지나면 자연스럽게 가치가 오른다는 사실을 알기 때문이다. 그래서 대부분 부동산은 장기적인 관점으로 접근한다. 주식도 이렇게 대하면 성공한다. 하지만 많은 사람이 주식 앞에서 쉽게 흥분하고 욕망에 사로잡힌다. 빠르게 큰돈을 만지고 싶기 때문이다. 지금 당장 급등하는 종목에 뛰어들곤 한다. 이건 그냥 도박일 뿐이다.

주식에 물렸을 때 대처하는 방법

국내에도 가치투자로 유명한 투자자가 있다. 한국투자밸류자산운용 대표를 맡았던 이채원은 한국의 가치투자 1세대로 불린다. 그는 한 언론과의 인터뷰에서 개인 투자자가 증시 하락기에 대처하는 방법에 관해 이야기한 적이 있다. 그가 말하는 대처법은 이렇다. 1단계: 두 배로 더 열심히 일하면서 투자 전문가들의 책으로 마음을 달랜다. 2단계: 다 포기하고 무협지를 읽는다. 3단계: 시간이 지나가길 기다린다. 방법이 없다. 잊고 기다리는 수밖에 없다.

주식에 물려 마음이 쓰린데, 무협지나 읽으라는 조언은 언뜻 들으면 농담 같다. 하지만 다른 투자 대가들도 결국 같은 말을 한다. 증시 하락기에 개인이 어설프게 대응을 했다가는 오히려 더 많은 피를 흘릴 수 있다. 이런 제목의 기사가 나온 적이 있다. "애플·페이스북, 거품 붕괴?…투자 경고음." 이 기사는 애플 주가가 오를 대로 올라서 곧 거품이 꺼질 것이라고 경고하고 있다. 기사가 나온 시점은 2010년이다. 현재 애플 주가는 기사가 나온 이후로 10배 이상 올랐다. 위기는 언제 어디서나 튀어나온다. 투자자는 파도에 흔들려서는 안 된다. 자신이 투자한 기업 자체에 문제가 생긴 게 아니라면 주가가 떨어져도 요동할 필요는 없다. "공포에 사라"는 말이 괜히 나온 게 아니다. 기업 자체에 전혀 문제가 없는데도, 주가가 뚝뚝 떨어질 수도 있다. 누군가는 이 타이밍을 바겐세일 기회로 삼는다.

증시 조정기에는 어쩔 수 없다. 이런 시장에선 버핏이

아니라 버핏 할아버지가 와도 돈을 잃는다. 무협지가 싫다면 넷플릭스라도 보면서 위기의 시간이 지나가길 기다려라. 지구에 운석이 떨어져 인류가 멸망하지 않는 이상, 경제는 성장한다. 주식도 가까이서 보면 비극, 멀리서 보면 희극이다. 주식투자 세계에 입문했다면 멀리서 세상을 내다볼 줄 알아야 한다.

당신을
설레게 하는
기업을 사세요

#에루샤
#스타벅스
#밀레니얼
#심장이_두근거릴_때_투자하라

곤도 마리에가 나오는 넷플릭스 다큐멘터리를 본 적이 있다. 정리 전문가 곤도 마리에는 전 세계에 미니멀리즘 열풍을 일으킨 주인공이다. 다큐에서 곤도 마리에는 쓰레기장처럼 잡동사니를 쌓아두고 사는 미국인들의 집을 방문한다. 과감하게 불필요한 물건을 버리라고 명령한다. 나 역시 한동안 미니멀리즘 전도사에게 영향을 받았다. 다시는 펼치지 않을 것 같은 책을 버렸다. 더는 입지 않는 옷도 헌 옷 수거함에 넣었다. 곤도 마리에는 버릴 물건, 버리지 않을 물건을 나누는 기준을 '설렘'이라고 했다. 그가 쓴 책의 제목부터가 '설레지 않으면 버려라'다.

그렇다면 설레는 물건은 가지고 있어도 된다는 말인가?

이 물음을 주식투자에 적용해봤다. 유독 팬덤이 강한 기업이 있다. 애플이 대표적이다. 애플은 신제품을 내놓을 때마다 악플에 시달린다. "애플의 혁신도 끝났네", "이 가격에 누가 사냐?" 하지만 항상 애플 제품은 잘 팔렸다. 에어팟이 처음 나왔을 때도 많은 사람은 "저걸 누가 사겠냐"라며 조롱했다. 하지만 너도나도 에어팟을 사서 귀에 꽂았다. 사람들은 애플에서 설렘을 느낀다. 물론 제품 자체도 뛰어나지만, 애플에는 그 이상의 무언가가 있다. 이 '무언가'에 소비자들은 과감하게 지갑을 연다. 비싸도 상관없다. 나는 종종 "어떤 기업에 투자해야 되나요"라는 질문을 받는다. 그러면 "설레는 기업에 투자하라"라고 대답한다. 이런 기업이 돈도 잘 벌기 때문이다.

영원한 제국 디즈니

2017년 일곱 살 조카와 극장에 갔다. 조카와 나는 픽사 애니메이션 〈코코〉를 봤다. 조카와 놀아주겠다는 의무감으로 극장을 찾은 이날 결국 나는 눈물을 흘렸다. 주인공 소년이

증조할머니 앞에서 기타를 치며 나긋하게 〈Remember Me〉라는 곡을 부르는 장면이었다. 대놓고 관객을 울리려 작정한 연출이었다. 알면서도 당했다. 나뿐만이 아니었다. 극장 여기저기에서 훌쩍거리는 소리가 들렸다. 덩치 큰 어떤 아저씨도 흐느꼈다. 조카는 눈물 흘리는 어른들 사이에서 어리둥절해했다.

나는 여운에 젖은 채로 극장에서 나오며 이렇게 생각했다. '아! 디즈니 주식 사야겠다.' 여전히 이렇게 위대한 애니메이션을 만드는 기업이라면 충분히 그럴 가치가 있다고 확신했다. 최근 개봉한 〈소울〉을 보고 나왔을 때도 같은 생각을 했다. 떠올려보면 내 또래들은 유년 시절부터 디즈니 세례를 받으며 성장했다. 일요일 아침만 되면 교회를 가듯 〈디즈니 만화동산〉을 보기 위해 졸린 눈을 비비며 텔레비전 앞으로 향했다. 디즈니는 그때도 설렜고, 어른이 된 지금도 우리의 마음을 과거로 되돌려놓는다. 디즈니만이 보유한 마법 같은 힘이다.

물론 설렘 하나만으로는 투자를 결정할 수는 없다. 기업으로서 디즈니는 어떤가. 코로나 기간에 디즈니는 큰 타

격을 입었다. 전체 매출에서 큰 비중을 차지하는 테마파크
가 문을 닫았기 때문이다. 하지만 위기를 기회로 삼았다. 디
즈니는 영상 스트리밍 서비스 '디즈니플러스'를 내놨다. 빠
른 속도로 넷플릭스를 추격하는 중이다. 코로나가 종식하면
디즈니 테마파크에는 다시 웃음소리가 가득할 것이다. 이제
디즈니는 대면, 비대면 양쪽에서 막강한 힘을 발휘하는 어
벤져스가 됐다. 아, 어벤져스 시리즈를 만든 마블 스튜디오
역시 디즈니 계열사 중 하나다.

좋은 세상을 꿈꾸는
나이키

나이키 창업자인 필 나이트는 은둔의 경영자였다. 좀처럼
공식 석상에 모습을 드러내지 않았기 때문이다. 그래서 필
나이트가 2016년에 자서전 『슈독Shoe Dog』을 출간했을 때,
나이키를 사랑하는 전 세계 팬들은 도대체 누가 이 브랜드
를 만들었는지 궁금해하며 책을 펼쳤다. 결론부터 말하면
이 책은 웬만한 소설보다 흥미롭다. 흔히 생각하는 성공한
CEO의 자서전과는 다르다. 필 나이트는 아버지에게 빌린

50달러로 시작해 나이키라는 제국을 만들었다. 과정은 순탄치 않았다. 하지만 신발에 미친 사람들이 하나둘 필 나이트 주변에 몰려들었다. 그들은 돈보다는 '멋진 상품'을 만들겠다는 열정으로 운동화를 제작했다. 책 내용 중 가장 좋아하는 부분은 다음과 같다. "나에게는 달리기에 대한 믿음이 있었다. 나는 사람들이 매일 밖에 나가 몇 마일씩 달리면, 세상은 더 좋은 곳이 될 것이라고 믿었다. 그리고 내가 파는 신발이 달리기에 더없이 좋은 신발이라고 믿었다."

필 나이트는 더 나은 세상을 만들기 위해 운동화를 만들었고, 나이키를 세웠다. 현재 나이키는 이 신념을 이어가고 있다. 캠페인을 통해 인종차별에 목소리를 내고, 땀의 가치에 대해 일깨워주고, 무언가에 도전하는 사람들이 얼마나 아름다운지 보여준다. 그래서 나이키는 단순한 스포츠 의류 브랜드가 아니라 문화가 됐다. 부자도 가난한 사람도 똑같은 코카콜라를 마시듯, 전 세계 상위 10%도 하위 10%도 나이키를 신는다. 할아버지도 손녀도 나이키를 신는다. 미국과 적대적인 중국에서도 나이키는 잘 팔린다. 한정판 스니커즈가 발매되는 날이면 나이키 매장 앞에는 새벽부터 많은 사람이 줄을 선다.

밀레니얼은
샤넬을 입는다

결혼을 앞둔 지인이 예비 신부에게 결혼 선물로 샤넬 가방을 사주려다 실패한 얘기를 들었다. 그는 백화점에 가서 돈을 내면 샤넬 백을 살 수 있다고 생각했다. 오산이었다. 매장에 들어가는 데만 한 시간 넘게 기다렸다. 미리 봐뒀던 제품은 이미 품절된 상태였다.

솔직히 고백하면 나는 명품 가방을 잘 모른다. 미지의 영역이다. 하지만 얼마나 많은 사람이 명품 브랜드를 사랑하는지는 잘 알고 있다. 최근 '에루샤'라는 용어가 자주 등장한다. 에르메스, 루이비통, 샤넬의 앞글자만 딴 신조어다. 코로나 여파로 백화점 대부분은 매출 타격을 입었다. 그런데 이 와중에도 매출이 늘어난 소수의 백화점이 있었다. 이 백화점들의 공통점은 에르메스, 루이비통, 샤넬 매장을 갖췄다는 점이다. 신세계백화점 강남점 샤넬 매장은 오전 10시 30분에 문을 여는데, 세 시간 전부터 고객들이 매장 앞에서 줄을 설 정도다. 명품이 대호황을 누리는 이유는 다양한 각도로 분석할 수 있다. 코로나 때문에 해외여행 길이 막히자 명품 가방으로 대리 만족을 느끼는 사람이 확 늘었다고 한다.

더 눈여겨볼 점은 그동안 명품시장에서 소외됐던 20대가 큰손으로 떠오르고 있는 부분이다. 밀레니얼은 자기 자신을 과감하게 드러내고 표현하기를 꺼리지 않는다. 고만고만한 소확행보다는 확실하고 큰 행복을 원한다. 그러기에 명품은 좋은 수단이다. 명품 브랜드 역시 이 흐름을 간파했다. 콧대를 한껏 낮추면서까지 밀레니얼 소비자를 위한 마케팅 전쟁에 돌입했다.

왜 스벅에는 항상 사람이 많을까

얼마 전 출근길이었다. 지하철에서 내려 회사에 가기 전에 아이스 아메리카노를 테이크아웃 하려 스타벅스 앱을 실행했다. 그런데, '접속자가 많아서 앱 접속이 지연되고 있습니다'라는 알림이 떴다. 스타벅스 앱을 사용하면서 처음 본 메시지였다. 사이렌 오더 주문을 포기하고, 매장에 갔다. 평소 같았으면 한산했을 아침 스타벅스 매장에 손님들이 바글바

글했다. 길게 늘어진 줄을 보면서 모닝커피를 포기한 채 빈손으로 회사에 왔다. 이게 도대체 무슨 일인가. 알고 보니 그날은 스타벅스가 커피를 주문한 손님들에게 리유저블 컵을 주는 이벤트를 연 날이었다. 이 이벤트는 뉴스에도 많이 나올 만큼 대란이었다.

스타벅스가 내놓은 굿즈에 많은 사람이 열광하는 건 하루 이틀이 아니다. 왜 그 많은 카페 프랜차이즈 중 유독 스타벅스에 사람들은 이렇게까지 열광할까. 스타벅스 마케팅 전략은 이미 많은 경제학자가 연구했다. 사람들이 스타벅스에서 소비하는 건 단순히 커피뿐만이 아니다. 스타벅스라는 브랜드가 지닌 특유의 여유로운 감성까지 함께 소비하는 것이다.

내가 직접 가본 스타벅스 중 가장 인상적이었던 곳은 일본 교토 니넨자카 지점이다. 일본 전통 목조 가옥의 특징을 그대로 살린 스타벅스였다. 그날 그곳에서 먹은 커피 맛은 기억나지 않는다. 하지만 고즈넉한 풍경 안으로 쏙 들어가 거기에서 커피를 마셨다는 '경험' 자체는 아직도 진하게 남아 있다. 스타벅스는 고객에게 특별한 감성을 선물하는 노하우를 제대로 알고 있다. 소비자들은 감성에 기꺼이 지갑을 연다. 물론 스타벅스를 따라 하려던 기업은 많다. 하지만 가문이 하루아침에 이루어지지 않듯 팬덤 역시 쉽게 얻을 수 있는 건 아니다. 스타벅스의 아성에 도전했다가 사라진 커피 브랜드가 얼마나 많은가.

:(

왜 아버지들은
주식으로
돈을 잃기만
했을까?

#배당주
#삼성전자
#감옥기업
#나_대신_일할_기업을_찾아라

연예인이 강남 어디에 몇백 억짜리 빌딩을 샀다는 뉴스가 나올 때마다 사람들은 웅성웅성하며 부러워한다. 빌딩 매입은 성공한 연예인의 척도다. 인기 웹툰 작가도, 100만 구독자를 보유한 유튜버도, 주식투자로 돈을 많이 번 사람도 결국 건물을 산다. 몇 년 전 여섯 살 유튜버 보람튜브가 95억 원짜리 청담동 빌딩을 샀다는 뉴스에 나라 전체가 떠들썩했다. 어떻게 보면 부유한 사람이 건물에 투자하는 이유는 불안해서다. 한때 떠올랐다가 결국 몰락한 연예인은 얼마나 많은가. 그래서 현명한 연예인은 잘나갈 때 미리 준비를 한다. 일하지 않고도 매달 수익이 들어오는 구조를 만들기 위해 건물을 산다.

현실적으로 따져보자. 우리는 건물주를 부러워하지만, 대부분 건물주가 될 가능성은 희박하다. 평범한 월급쟁이 소득은 뻔하다. 이들이 연예인처럼 강남에 있는 빌딩을 사는 건 매우 어렵다. 로또에 여덟 번 당첨돼야 청담동 아담한 빌딩 한 채를 겨우 살까 말까다. 그렇다고 상대적 박탈감만 느끼며 가만히 있을 순 없다. '어떻게 하면 건물주처럼 일하지 않고도 정기적으로 수익을 얻을 수 있을까', 고민해본 사람이라면 배당주 투자에 주목해야 한다.

주식투자는 도박이다? 도박처럼 하니까 그렇죠

최근 고향에 계신 아버지에게 연락이 왔다. 아버지는 대뜸 주식투자를 하느냐고 물었다. 아버지는 젊은 사람들이 우르르 주식투자에 나선다는 뉴스를 보고 걱정이 돼서 전화하셨다. 아버지는 평생 주식을 산 적이 없다. 하지만 주변에서 주식으로 패가망신한 사람들은 여럿 봤다. 그래서 주식을 도박처럼 생각한다. 아버지의 우려는 기우가 아니다. 실제로 주식투자를 도박처럼 하는 사람은 그렇지 않은 사람보다 많다. 그런 사람들은 결국 돈을 잃은 후 주식에서 손을 뗀다. 그러면서 "주식은 도박"이라며 억울해한다. 투자가 아닌 투기를 한 본인 잘못은 인식하지 못한다.

주식으로 돈을 버는 방법은 두 가지다. 첫 번째는 투자한 주식의 주가가 올랐을 때 팔아서 차익을 얻는 것. 두 번째는 기업이 정기적으로 주는 배당금을 받는 것. 우리나라에서는 대부분 전자의 방식으로 주식에 접근한다. 최근에야 배당주 투자에 관심을 갖는 사람들이 늘었지만, 오랜 기간 대부분은 주식을 차익 실현 수단으로만 여겼다. 그래서 주식을 투자invest보다는 거래trade의 관점으로 보는 사람이 여전히 많다. 결과는 우울하다. 주식을 사고파는 횟수가 많을수록 수익률이 떨어지는 건 투자시장의 정설이다.

배당주 투자가 낯선 한국

주식을 장기적인 투자가 아니라 거래의 수단으로만 인식하는 건 투자자만의 잘못은 아니다. 기업은 자신들이 거둔 수익을 주주에게 나눠야 한다. 이것이 자본주의의 기본적인 원리다. 하지만 우리나라 기업은 이익을 주주와 제대로 나누지 않았다. 주요국 중 한국 기업은 배당에 인색한 것으로 유명하다.

자본주의 역사가 오래되지 않은 한국에선 기업이 배당을 줘야 한다는 인식 자체가 희박했다. 그러니까 투자자들역시 배당금을 받으며 주식을 장기적으로 보유하기보다는 단기적인 거래에 매달린다. 최근에야 국내에서도 긍정적인 움직임이 보이기는 한다. 우리나라 1등 기업 삼성전자가 앞장서서 배당금을 늘렸다. 삼성전자가 나서자 다른 기업들도 주주들의 눈치를 보기 시작했다. 서서히 이익을 주주와 나누는 기업이 늘어나고 있다.

배당주 투자의 위력

미국으로 눈을 돌려보자. 이 나라가 어떤 나라인가. 자본주의의 끝판왕이다. 미국은 감옥마저 일부는 민간기업이 운영

한다. 이 감옥 기업은 증시에도 상장돼 있다. 즉, 감옥에도 투자할 수 있다. 이 감옥 기업은 주주들에게 꽤 많은 배당금을 나눠준다.

자본주의가 발달했다는 건 그만큼 주주들의 힘이 세다는 얘기다. 미국 기업들은 주주와 이익을 나누는 걸 의무로 생각한다. 그래서 한국 사람들은 노후 준비를 위해 아파트에 매달리지만, 미국인들은 이른 나이부터 주식을 모으는 방식으로 은퇴 이후 삶을 준비한다.

정기적으로 지급받은 배당금은 다시 해당 기업의 주식을 사는 데 활용해야 효과가 크다. 그러면 늘어난 주식 수만큼 다음 배당금도 증가하는 거다. 사실상 이런 식으로 10년, 20년 투자를 하면 실패할 가능성이 낮다. 단지 그 긴 시간을 기다릴 수 있는 인내심이 있냐는 거다. 그래서 장기투자로 성공한 사람들은 일종의 철학자에 가깝다. 마치 칸트처럼 자신만의 절대 원칙을 세운 이후 무슨 일이 있어도 그 약속을 지키는 사람들이기 때문이다. 버핏은 이렇게 말했다. "잠자는 동안에도 돈이 들어오는 방법을 찾아내지 못한다면, 당신은 죽을 때까지 일해야 할 것이다." 내가 잠자는 동

주식 투자자의 태도

안에도 나를 대신해서 땀을 흘리며 일을 하고, 그 성과를 내게 나눠줄 기업을 찾아야 한다. 그리고 그 기업들을 좋은 친구처럼 대해야 한다.

"잠자는 동안에도
돈이 들어오는 방법을
찾아내지 못한다면
당신은 죽을 때까지
일해야 할 것이다."

워런 버핏(Warren Buffett, 1930~)
'투자의 귀재', 버크셔 해서웨이의 최대 주주, 회장

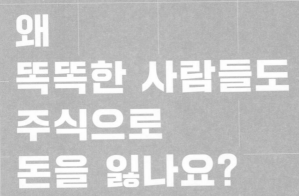

왜
똑똑한 사람들도
주식으로
돈을 잃나요?

#마크트웨인
#테마주
#리딩방
#주식투자의_세계는_전쟁터다

『톰 소여의 모험』『허클베리 핀의 모험』을 쓴 미국인 작가 마크 트웨인은 주식투자에 관한 격언도 많이 남겼다. 그는 이렇게 말했다. "10월은 주식투자에 특히 위험한 달 중 하나다. 다른 위험한 달로는 7월, 1월, 9월, 4월, 11월, 5월, 3월, 6월, 12월, 8월 그리고 2월이 있다."

사실상 주식투자가 매우 위험하다고 경고하는 것이다. 마크 트웨인은 주식에 투자했다가 쪽박을 찬 아픔이 있다. 그가 활동했던 19세기 미국에는 골드러시가 한창이었다. 미국 서부 지역에서 금광이 연달아 발견됐다. 많은 사람이 황금을 찾아서 서쪽으로 향했다. 마크 트웨인 역시 골드러시 열풍에서 한몫을 잡아보려 했다. 그는 광산기업 주식에 올인했다. 하지만 그가 광산기업에 투자했을 때는 골드러시 열풍이 꺼지기 바로 직전이었다. 광산기업은 줄줄이 도산했다. 마크 트웨인은 전 재산을 잃었다.

위인들 가운데 마크 트웨인처럼 주식으로 큰돈을 잃은 사람은 일일이 세기 어려울 정도로 많다. 똑똑하고 현명한 사람도 주식으로 돈을 잃는다. 이들이 돈을 잃는 이유는 대개 비슷하다. '빠르게' '많은' 돈을 벌려는 초조함이 발목을 잡는다. 물론 주식투자의 목적은 돈을 버는 것이다. 돈을 벌려면 일단 잃지 않아야 한다. 어리석은 방법으로 돈을 날리지만 않아도 절반은 성공이다.

"역사는 반복되고, 우리는 같은 실수를 한다"

자본주의 역사를 다루는 책들은 17세기 네덜란드에서 일어난 일을 상세하게 소개한다. 그 시기에 네덜란드에는 튤립 파동이 있었다. 당시 튤립은 부와 명예의 상징이었다. 부자부터 평민까지 튤립 키우기가 유행처럼 번졌다. 튤립 가격은 금과 은보다 비싸졌다. 튤립 구근 하나 가격이 평범한 노동자 20년치 연봉만큼 치솟았다. 너도나도 튤립을 사려고 했다. 광기라는 단어 말고는 설명하기 어려운 현상이었다.

하지만 파티가 끝났다. 순식간에 튤립 가격은 100분의 1 수준으로 시들었다. 전 재산을 잃는 사람이 속출했다. 환호와 탐욕으로 가득했던 시장은 한순간 피눈물이 가득 찼다. 튤립 사건으로 네덜란드 경제 전체가 휘청거렸다.

튤립 파동은 테마주 투자를 경고할 때 가장 많이 인용되는 사건이다. 테마주란 어떤 특정 이슈가 생겼을 때 돈이 쏠리는 현상을 말한다. 예컨대, 남북회담이 성사되면 개성공단 관련 기업들 주가가 확 치솟는다. 통일되면 북한까지 철로가 연결되리라 전망하면서 철도를 만드는 기업 주가도 급등한다. 반대로 남북 관계가 좋지 않을 때는 무기를 만드는 기업 주가가 치솟는다. 당장 통일이 이뤄지지 않을 거고, 당장 전쟁이 일어날 가능성이 없다는 점을 누구나 알지만, 어쨌든 테마주는 요동친다.

특히 선거 기간이 되면 테마주는 물 만난 물고기처럼

파닥거린다. 이 물고기에 많은 사람이 기꺼이 낚인다. 가격이 치솟는 주식에 너도나도 올라타는 모습을 보면서 이 행렬에 참여하지 않으면 손해 보는 기분이 들기 때문이다. 하지만 어떤 이슈 때문에 급등하는 테마주 중 상당수는 해당이슈와 별 상관이 없을 때가 많다. 빈약한 근거와 투기 세력 때문에 치솟은 주식은 금세 제자리로 내려온다. 테마주에 투자했다가 망한 사례는 자본주의 역사가 시작한 이래 끊임없이 반복됐다. 우리가 역사를 배우는 이유는 같은 실수를 반복하지 않기 위해서다.

사기꾼 말에
귀 기울이지 마세요

인간이 수렵, 채집으로 생명을 연장하던 까마득한 과거에도 타인의 공을 가로채려는 사람은 있었을 테다. 재화가 몰리는 곳에는 언제나 사기꾼이 득실거린다. 주식시장은 총성 없는 전쟁터다. 모두가 제각각 총(돈)을 들고 전쟁에 참여한다. 그런데, 모두가 정정당당한 방식으로 전쟁을 치르는 건 아니다. 전쟁에는 언제나 권모술수가 판을 친다. 누군가가 맹렬히 싸울 때, 누군가는 그들의 호주머니를 터는 데만 집중한다. 불법 리딩방을 운영하는 사람들이 바로 이런 부류다.

리딩방 작동 방식은 이렇다. 카카오톡이나 텔레그램을 이용해 투자자들을 끌어모은다. 그동안 자신의 지시를 따른 사람들이 얼마나 큰 이익을 거뒀는지 밝히며 초보 투자자들을 유혹한다. 매달 20% 이상 수익을 낼 수 있다며 달콤한 말로 리딩방에 초대한다. 어떤 곳은 4000%라는 수익을 약속하기도 한다.

언뜻 보면 리딩방을 운영하는 사람들이 하는 일은 증권사가 하는 일과 비슷하다. 문제는 전문성이다. 금융당국 허가 없이 타인에게 돈을 받고 투자자문을 하는 건 불법이다. 금융감독원이 파악한 유사 투자자문사만 수천 곳이다. 소규모 리딩방까지 합하면 몇 배로 증가한다.

리딩방에 들어가는 건 공짜가 아니다. 가입비만 500만 원이 넘는 곳도 있다. 리딩방이 투자자들에게 사기를 치는 방식은 다양하다. 예컨대, 리딩방 운영자는 A라는 기업의 주가를 10만 원에 미리 사둔다. 그 이후 투자자를 끌어모아 이

기업의 주가가 30만 원까지 오른다며 꼬드긴다. 몸집이 작은 회사는 이런 작전 세력의 장난만으로도 주가가 급등한다. 투자자금이 확 몰려 주가가 20만 원까지 오르면 리딩방 운영자는 갖고 있던 주식을 모두 처분한다. 그들은 이런 식으로 돈을 번다. 투자자는 가입비도 내고, 이용까지 당한다. 투자자금이 부족한 사람들에게 리딩방은 대출도 알선한다. 대부분 고리대금 수준의 폭리를 취하는 대출 상품이다. 이 대부업체마저 사실상 리딩방을 운영하는 사람들이 운영하는 곳일 확률이 높다.

주식투자의 세계는 전쟁터다. 정신을 똑바로 차린 사람만이 전리품을 챙겨 전장을 떠난다.

"투자자는 무엇이 옳고
그른지에 대해 자신만의
생각과 아이디어, 방향을
가지고 있어야 하며,
대중에 휩쓸려 감정적으로
행동하지 않아야 한다."

앙드레 코스톨라니(André Kostolany, 1906~1999)
'유럽의 워런 버핏', '주식의 신'으로 불리는 투자자

누구에게나 부동산은 중요하다

재테크를 시작하라:
진정한 재테크는 '더하기'가 아니라 '곱하기'다

- ☀ 주식투자 잘하고 싶다? 집부터 사라
- 🏠 첫 집으로 신축 전세가 위험한 이유
- ⚡ 세상에 나쁜 집은 없습니다
- 🏢 집을 사려면 대출과 친해져야 합니다
- ✎ 잘나가는 연예인들은 왜 월세에 살까?
- ✷ 집값이 폭락한다고 외치는 사람들에 대하여
- app 부동산 공부하려면 이 앱을 깔아야 합니다

주식투자
잘하고 싶다?
집부터 사라

#레버리지
#반대매매
#집은_빚내서_사는_투자자산이다

주식투자 붐이 불었다. 덕분에 베스트셀러 책 대부분이 재테크 서적이었다. 출판 업계 역시 이 훈풍에 올라타고자 재테크 관련 신간을 쏟아냈다. 굳이 주식투자와 크게 상관없는 평범한 자기계발 도서의 제목에도 '주식'이라는 키워드가 끼워 맞추기 식으로 들어갈 정도였다.

이럴 때일수록 현명한 사람들은 고전을 읽는다. 피터 린치의 책 『전설로 떠나는 월가의 영웅』이 바로 그런 책이다. 이 책에서 유독 눈에 띄는 부분이 있다. 그는 주식투자를 고민하는 사람들은 이 질문에 답을 해야 한다고 주장한다. "내 집이 있는가?" 즉, 피터 린치는 주식보다 내 집 마련이 우선이라고 말한다. 물론, 이 책이 나온 1989년 미국과 오늘날 한국의 상황은 다르다. 이 점을 고려하더라도, 그가 "내 집 마련부터 하시라"라고 외친 근거를 보면 지금도 고개가 끄덕여진다.

집은 모두가 원하는
좋은 투자처다

좋은 주식이란 어떤 주식인가. 수익률이 높은 주식이 좋은 주식이다. 그럼 어떤 주식이 수익률이 높을까. 사려는 사람이 많은 주식일수록 가격이 올라간다. 반대로 사려는 사람이 별로 없는 주식은 수익률도 변변치 않다. 집은 어떤가. 월세에 살든, 전세에 살든 내 집이 없는 사람은 현실 가능성과 상관없이 내 집 마련을 원한다. 이미 내 집이 있는 사람도 언젠간 더 좋은 동네, 더 좋은 아파트로 이사 갈 계획을 세운다.

주식으로 치면 수도권 아파트는 누구나 가지고 싶은 우량주다. 우량주의 특징은 무엇인가. 비트코인처럼 빠른 시간 안에 큰돈을 벌진 못해도, 장기적으로 보유하면 높은 확률로 돈을 벌어다 주는 자산이다.

강제로
장기투자할 수 있다

누구나 주식을 처음 살 때는 "나는 장기투자자가 될 거야"라고 말한다. 그런데 정작 2~3일 뒤에 해당 주식을 팔아치운다. 그리고 또다시 주식을 사면서 같은 다짐을 한다. 하지만 이번엔 한 일주일 정도 버티고 또 주식을 판다. 주식투자는 심리 싸움이다. 눈앞에서 왔다 갔다 하는 시세를 들여다보고 있으면 마음에 파도가 친다. 주가가 너무 올라도, 너무 떨어져도 장기투자 원칙은 파도에 휩쓸린다. 주식매매 횟수가 많을수록 투자 수익률이 낮다는 건 과학이다. 많은 통계가 이를 입증한다. 그런데도 사람들은 아침에 산 주식을 오후에 파는 행동을 반복한다.

반대로 부동산투자는 그럴 수가 없다. 부동산 시세 역시 주식처럼 지금 이 순간에도 변동한다. 다만 눈에 보이지 않을 뿐이다. 구조상 단기 거래를 하기도 어렵다. 오피스텔 월세 하나 계약하는 데도 따질 게 한둘이 아니다. 아파트 매매는 더 말할 필요도 없다. 내 집을 보유한다는 건 싫든 좋든 장기투자자가 된다는 의미다.

레버리지 투자가 용이하다

레버리지가 무엇인지부터 짚고 넘어가자. 경제신문을 읽다 보면 "레버리지 효과를 일으켰다"라는 표현이 자주 등장한다. 레버리지를 우리나라 말로 표현하면 '지렛대 효과'다. 쉽게 말하면 빚을 이용한 투자를 레버리지라고 한다.

현금 5억 원을 모은 A와 B가 있다고 치자. A는 5억 원짜리 아파트를 샀다. B는 은행에서 3억 원을 빌려서 넓은 평수인 8억 원짜리 매물을 샀다. A는 레버리지를 전혀 이용하지 않았고, B는 레버리지를 이용했다. A와 B가 산 아파트 가격이 똑같이 10%씩 올랐다고 가정해보자. A의 아파트는 5억 5000만 원이 됐다. B의 아파트는 8억 8000만 원이 됐다. 적절한 레버리지를 이용한 B가 3000만 원을 더 벌었다. 향후 집값이 계속 상승한다고 가정하면 B가 얻는 이익이 더 커진다. 다른 비유도 들어보겠다. 똑같은 수능 점수를 받은 A와 B가 있다. A는 자신의 성적으로 100% 입학 가능한 대학에 지원해서 합격했다. 반면 B는 자신의 성적으로는 아슬아슬한 명문대에 지원서를 냈고 끝내 추가 합격했다. 입시 전략을 잘 세운 사람은 당연히 B다. 레버리지란 자신이 가진 자산으로 최대치의 효과를 내는 것이다.

실거주 1채는
큰 고민 안 해도 된다

현금이 많은 연예인도 건물을 살 때 빚을 내서 산다. 빚을 내지 않고 내 집 마련을 하는 건 현명한 선택이 아니다. 물론, 이제는 빚을 내지 않으면 집을 살 수 없는 시대가 되기도 했다. 집은 우리나라뿐만 아니라 다른 나라에서도 '빚을 내서' 사는 투자자산이다. 빚내서 투자하는 건 위험하다는 말을 많이 들어봤을 테다. 그런데, 이건 집이 아닌 다른 투자처에 해당하는 내용이다. 예를 들어 증권사에서 빚을 내서 주식을 산다고 치자. 그런데 당신이 산 주식의 주가가 급격히 떨어지면 어떻게 될까. 물론 본인도 마음이 아프겠지만, 당신에게 돈을 빌려준 증권사 역시 가만히 있지 않는다. 증권사는 손해를 줄이기 위해 동의 없이 당신의 주식을 손절한다. 이것을 '반대매매'라고 한다.

아파트의 경우에는 만에 하나 집값이 내려가더라도 대출금만 제때 갚으면 반대매매 당할 일이 없다. 실거주용으로 1주택을 보유한 사람이라면 집값이 하락해도 그냥 눌러앉아서 살면 된다. 주식투자를 해서 파산한 사람의 소식은 너무 흔해서 놀랍지도 않다. 하지만 내 집 한 채를 사서 파산했다는 이야기를 들어본 적이 있는가? 나는 아직은 한 번도 그런 소식을 듣지 못했다.

"부동산에서 돈을 벌고
주식에선 돈을 잃는
이유가 있다. 집을 선택할 때는
몇 달을 투자해 공부하지만,
주식 선정은 몇 분 만에
끝내기 때문이다."

피터 린치

첫 집으로
신축 전세가
위험한 이유

#구축아파트
#케이스스터디
#아파트는_사다리다

비슷한 시기에 취업한 두 친구가 있다. 한 친구는 취업하자마자 운 좋게 역세권 오피스텔 한 채를 분양받았다. 회사가 멀어 직접 거주하지 않고 세를 놓아서 월세 90만 원을 받았다. 이 친구가 오피스텔을 구입하며 받은 대출금은 약 2억원이다. 이 대출금 상환은 월세로 모두 충당 가능했다. 그렇게 7년이 지났다. 자신의 돈을 별로 들이지 않고 오피스텔을 산 친구는 대출금 상당수도 세입자에게 받은 월세로 갚았다. 현재 이 친구는 회사와 가까운 빌라에 전세로 거주 중이며 곧 결혼을 앞두고 있다. 신혼집으로 서울에 구축 아파트 한 채를 살 예정인데, 오피스텔을 팔아서 집값에 보탤 계획이다. 해당 오피스텔은 분양받은 이후 2억 원 정도 올랐다.

또 다른 친구는 취업하자마자 자취방부터 옮겼다. 대학가 원룸에 살던 친구는 역세권 신축 풀옵션 오피스텔에 들어갔다. 이 친구는 다달이 월세 90만 원(관리비는 별도다)을 내면서 몇 년째 이 오피스텔 인프라를 누리는 중이다. 지하철역도 가깝고, 주변에 공원도 있고, 맛집도 많다. 내 집 마련 생각이 아예 없는 건 아니었다. 오피스텔에 살면서 아파트를 보러 다닌 적도 있다. 하지만 빚을 최대한으로 낸다고 해도 구매 가능한 아파트는 서울 외곽 연식이 오래된 물건들뿐이었다. 거기엔 맛집도 공원도 없었다. 지하철역도 멀었다. 왠지 동네 자체가 칙칙해 보였다. 지금 거주하는 오피스텔과 비교하면 여러모로 주거 환경이 좋지 않았다. 번번이 내 집 마련 타이밍이 왔을 때 선뜻 기회를 잡지 못했다. 그래서 현재는 어떤가. 2~3년 전만 해도 이 친구가 살 수 있었던 서울 외곽 아파트 가격도 많이 올랐다. 친구는 이러지도 저러지도 못하는 신세가 됐다.

구축 아파트 대신
신축 전세를 택한 신혼부부

투자의 관점에서 보면 두 친구 중 압도적으로 수익률이 높은 건 앞서 소개한 친구다. 한쪽은 90만 원씩 월세를 받았고, 그사이에 오피스텔 가격도 올라 부동산 자산 증식 효과까지 누렸다. 또 다른 친구는 매달 90만 원을 월세로 냈다. 1년으로 치면 1000만 원이다. 그뿐만 아니다. 역세권 신축 오피스텔이 주는 안락함 때문에 내 집 마련 기회마저 놓쳐버렸다.

부동산투자와 관련한 공부는 이론보다는 케이스 스터디가 효율적이다. 또 다른 사례를 들어보겠다. 흔한 케이스다. 결혼을 앞둔 예비부부가 있다. 주말마다 신혼집을 보러 다녔다. 이 부부는 4억 원대 아파트를 매수할 수 있었다. 현실적으로 서울에서 이 가격으로 살 수 있는 아파트는 그리 많지 않았다. 하지만 잘 찾아보면 없는 것도 아니다. 조금 구체적으로 언급하면 노원구 상계주공 아파트 소형 평수를 매수할 수 있었다. 이 아파트는 1980년대에 지어졌다. 신혼부부가 서울에서 첫 집으로 살 수 있는 아파트 대부분은 연식이 오래된 곳들이다. 부모가 집값 상당수를 보태줄 수 있는 상황이 아니라면 다들 사정은 비슷하다. 어쩌면 신혼집으로 전세, 월세가 아니라 매수를 노린다는 것 자체가 평균 이상의 경제적 지위를 누리고 있다는 의미이기도 하다.

그런데, 이 커플은 기회가 있었는데도 집을 사지 않았다. 그들은 내 집 마련을 위해 구축 아파트만 본 게 아니다. 신축 아파트도 보러 다녔다. 물론 이 아파트를 매수할 돈은 없었다. 그냥 모델하우스 구경하듯이 신축을 보러 다녔다. 보는 건 자유니까. 신축을 보다 보니 구축이 초라하게 느껴졌다. 지하 주차장도 없는 복도식 아파트에서 살 생각을 하니까 괜히 우울해졌다. 그런 집조차 4억 원 이상을 줘야 한다고 생각하니 괜히 억울했다.

이때 신축 아파트가 유혹의 손길을 건넸다. 4억 원으로도 그곳에 거주할 수 있었다. 물론 매수가 아니라 전세로. 결국 이 커플은 구축 아파트 매매 대신 신축 아파트 전세를 택했다. 그렇게 2년이 지났다. 이들은 자신의 선택에 만족하고 있을까? 전혀 아니다. 그때라도 구축 아파트를 사야 했다며 한숨 쉰다. 4억 원대로 살 수 있었던 집들은 이제 3억 원 이

상씩 다 올랐다. 집값만 오른 게 아니다. 본인이 사는 신축 아파트 전세금도 올랐다. 결국 아파트 퀄리티를 낮춰서 다른 전세로 이사를 가야 했다.

부동산은
차근차근 올라가는 사다리

실제로 구축 아파트 매수를 계획하다가 쾌적한 삶을 위해 신축 아파트 전세로 들어가는 신혼부부들은 제법 많다. 내 집 마련에 대한 꿈이 아예 없는 사람이라면 이런 선택이 나쁜 건 아니다. 모두가 제각각 선택을 하고 거기에 맞는 책임을 지면서 사는 거니까.

하지만 언젠간 내 이름으로 된 집을 갖길 원하는 사람들이 구축 매수 대신 신축 전세를 택하는 건 좋은 선택은 아니다. 전세에 산다는 건 자산 증식 효과를 아예 누리지 못한다는 의미다. 물가 상승률을 따지면 사실상 자산을 잃는 것이다. 그런데 신축에 살다 보면 눈은 올라간다. 구축 아파트에 등기를 치고 사는 친구들이 언뜻 안쓰럽게 느껴지기도 한다. 하지만 이건 일시적인 우월감일 뿐이다. 아파트는 사다리다. 처음부터 10억 원 넘는 신축 아파트를 구입하는 사람은 그리 많지 않다. 지하 주차장이 없는 낡은 아파트에서부터 시작해 차근차근 올라가는 사람이 대부분이다.

신축 아파트가 주는 편의를 한번 맛본 사람은 오래된 아파트에 눈길조차 주지 않는다. 몰락해버린 스타들이 렌트를 해서라도 고급 외제차를 끌고 다니는 이유를 생각해봐야 한다. 인간은 적응의 동물이다. 적응이 꼭 좋은 결과만을 주는 건 아니다.

"멈추지 않는다면
아무리 천천히 가도
전혀 문제가 되지 않는다."

짐 로저스(Jim Rogers, 1942~)
'금융계의 인디애나 존스', 세계적 투자자이자 북한 전문가

세상에
나쁜 집은
없습니다

#기생충
#사회초년생
#종잣돈을_모으면_길이_보인다

누구에게나 생애 최초의 기억이 있을 테다. 나는 네다섯 살쯤 됐을 때 새하얀 눈이 쌓인 마당에서 아빠와 눈사람을 만들던 장면이 어렴풋이 떠오른다. 이것이 내가 기억하는 최초의 내 삶이다. 당시 우리 가족은 마당 한가운데 대추나무 한 그루가 있는 작고 낡은 단독주택에 살았다. 부모님 소유의 집은 아니었다. 부모님은 매달 집주인에게 집세를 냈다.

여섯 살 때 이사를 했다. 살던 곳에서 가까운 빌라에 전세로 들어갔다. 반지하였다. 영화 〈기생충〉(2019)에 나오는 빌라와 비교하면 훨씬 쾌적한 집이었지만, 반지하는 반지하였다. 장마철이면 덥고 습했다. 그렇다고 그 시기가 괴로웠던 건 아니었다. 오히려 반대였다. 빌라 주민들끼리 친했다.

여름밤이면 빌라 앞에 마련된 평상에 삼삼오오 모여 수박을 먹었다. 이웃 간 소통이라는 게 남아 있던 시대였다. 빌라에 살면서 동네 친구도 많이 사귀었다. 따뜻한 추억을 켜켜이 쌓은 계절이었다.

초등학교에 입학하자마자 가족은 또 집을 옮겼다. 이번엔 신축 20평대 아파트였다. 드디어 우리 가족 소유의 집을 얻었다. 빌라에 살 때는 친구들과 골목길을 뛰어다니며 놀았다. 아파트로 오고 난 후에는 잘 정돈된 단지 내 놀이터에서 친구들과 온갖 장난을 치며 다 함께 컸다. 우리 가족은 그 아파트에서 10년을 살았다. 그리고 또 이사했다. 같은 아파트지만 평수가 넓은 동으로 집을 옮겼다. 그 이후 나는 상경해서 독립했고, 현재에도 부모님은 그곳에서 살고 있다.

고시원, 반지하 원룸, 빌라 그리고 아파트

구구절절 우리 가족이 살던 집을 추억한 이유는 '세상에 나쁜 집은 없다'라는 말을 하기 위해서다. "낡은 단독주택, 빌라, 신축 아파트 중에서 어디에 살고 싶나"라고 물어보면 대부분은 신축 아파트라고 답할 것이다. 주거 환경, 투자 가치로 봤을 때 대한민국 사람들이 아파트에 살고 싶어 하는 건 당연하다.

하지만 누구나 처음부터 쾌적한 아파트에서 시작할 수 있는 건 아니다. 사정에 따라 일단 원룸, 오피스텔, 빌라를 골라야 할 수도 있다. 나는 스무 살 이후 기숙사, 고시원, 반지하 원룸, 투룸 빌라를 거쳐 아파트에 정착했다.

지금 사는 아파트와 비교하면 스무 살 이후 거쳐왔던 주거지들의 컨디션은 열악하다. 그렇다고 그 시기에 내가 살았던 집들을 폄하하고 싶지 않다. 반지하 원룸에서도 내 나름대로 삶을 살았다. 그 좁은 공간에서도 요리를 하고, 영화를 보고, 책을 읽고, 글을 쓰고, 고민을 하고, 취업 준비를 했다. 부모님과 함께했던 낡은 단독주택, 반지하 빌라에서도 따뜻한 추억을 쌓았듯 말이다. 부모님이 아파트 한 채 거뜬하게 사줄 수 있는 금수저가 아니라면 누구나 사다리를 타듯 차근차근 위로 올라가는 수밖에 없다.

사다리를 타고
올라가는 마음으로

부모님 세대와 지금은 환경이 다르다. 우리 윗세대는 은행에 저축만 열심히 해도 집을 살 수 있었다. 적금 금리가 두 자릿수였던 시대였기에 저축 외에 다른 재테크를 할 필요도 없었다. 원룸, 빌라에 살면서도 열심히 저축하면 언젠간 아파트로 갈 수 있으리란 희망이 있던 시대였다.

그러나 이제 이런 희망은 급격히 쪼그라들었다. 뉴스에서 10억, 20억 원짜리 아파트 기사만 접하다 보면 허탈감만 쌓인다. 그런데 어쩌겠는가. 현재 힘든 시기를 보내는 2030세대 상당수는 "내 집 마련은 불가능하다"라며 불안에 떨고 있다. 그런데 지금 2030이 기득권이 될 30년 후에는 어떨까. 당연히 2030세대는 5060세대가 돼 있을 것이며, 이들 중 상당수는 내 집을 소유하고 있을 것이다. 모두 똑같이 내 집 마련이 힘든 시기에 사회생활을 했지만, 누군가는 기어코 집을 사고 누군가는 계속 무주택자로 남아 있을 것이란 뜻이다.

이제 막 부모에게서 독립하고 사회로 나온 사회 초년생이라면 '나는 벼락거지가 됐다'라는 자괴감에서 하루빨리 빠져나와야 한다. 지금 당장 열악한 주거지에 살고 있더라도, 자신의 처지를 폄하하면 안 된다. 이제야 사다리에 발을 올려놨다고 생각하고, 차근히 위로 올라갈 생각을 해야 한다.

눈을 딱 감고 돈을 모아야 한다. 종잣돈을 모으면 서서히 길이 보인다. 10억 원 넘는 집은 그만 봐도 된다. 대출을 받아서 현재 살 수 있는 아파트부터 시작해도 좋다. 그게 꼭 서울 아파트가 아니어도 괜찮다. 거기서부터 차근히 올라가면 된다.

집을 사려면
대출과
친해져야 합니다

#영끌
#주택담보대출
#착한_빚을_적극_활용하라

요즘에는 기성 언론에서도 '영끌'이라는 신조어를 표준어처럼 사용한다. '영혼까지 끌어모아서' 받은 대출로 집을 산다는 의미다. 현재 서울 아파트는 집값의 40%까지만 은행에서 대출을 받을 수 있다. 6억 원짜리 집을 사려면 은행에서 2억 4000만 원을 빌릴 수 있다. 적어도 3억 6000만 원은 있어야 한다는 뜻이다.

그런데, 사회생활을 시작하고 5년 정도 지나서 3억 6000만 원을 모아놓은 직장인이 얼마나 될까. 5년이 아니라 10년을 모아도 3억 6000만 원을 현금으로 보유하는 건 쉬운 일이 아니다. 부모가 도와주지 않으면 불가능에 가깝다. 그래서 너도나도 '영끌'을 한다. 은행에서 받는 주택담보대출은 기본이다. 신용대출을 추가로 받는다. 끝이 아니다. 대기업은 복지 차원으로 직원들에게 저금리 대출을 지원한다. 대출 한도는 기업마다 다르다. 당연히 규모가 큰 기업일수록 대출 복지가 잘 갖춰져 있다.

나쁜 빚과 착한 빚 구분하기

선택은 자유다. 누군가는 '영끌'을 해서 기어코 실거주용 1주택을 마련한다. 누군가는 '영끌'을 두려워해서 집 구매를 미룬다. 빚에는 두 가지 종류가 있다. 우리의 자산을 불려주는 착한 빚이 있고, 자산을 계속 갉아먹는 나쁜 빚이 있다. 나쁜 빚은 두려워해야 하는 게 맞다. 하지만 착한 빚은 적극적으로 활용하지 않으면 오히려 손해다.

일단, 나쁜 빚부터 보자. 여윳돈 3000만 원이 있는데, 자동차를 사고 싶다면 상식적으로 3000만 원이 넘지 않는 차를 골라야 한다. 하지만 욕심은 이성을 짓누른다. 누군가는 빚을 3000만 원 더 내서 6000만 원짜리 차를 사기도 한다. 이럴 때 내는 빚이 나쁜 빚이다. 자산 증식에 전혀 도움이 안 되는 빚이기 때문이다. 6000만 원짜리 새 차는 첫날부터 꾸준히 값어치가 떨어진다. 빚은 빚대로 대출이자가 붙고, 그 빚으로 산 자산의 가치도 깎여나간다.

내 자산을 늘려주는 빚

착한 빚이란 무엇인가. 시간이 지날수록 가치가 올라가는 자산에 투자하기 위해 낸 빚이 착한 빚이다. 그래서 내 집 마련을 위한 대출은 조금 용기를 내도 괜찮다. 2억 원, 3억 원 대출을 생각하면 막막하게 느껴질 수 있다. 그런 심정이 드는 건 당연하다. 1억 원을 모으는 일도 정말 쉽지 않으니까. 하지만 우리는 내 집이 없더라도 어딘가에서 전세로든 월세로든 계속 살긴 살아야 한다. 모두가 집이 필요하다. 자동차는 굳이 없어도 상관없지만, 내 몸이 쉬어야 할 공간은 죽기 직전까지 필요하다. 주택 구매를 위한 대출은 우리 삶에 주거 안정성이라는 선물을 주는 고마운 친구다. "나는 대출을 더 내기가 싫은데, 그냥 계속 전세에 살아도 되지 않을까요"

라고 말하는 사람도 꽤 많다. 잘 생각해봐야 한다.

현재 서울 웬만한 아파트의 전세 보증금은 2년 전 매매가보다 비싸다. 2년 전에 5억 원이면 살 수 있었던 아파트가 현재는 전세 보증금만 5억 원이 넘는다는 뜻이다. 이런 상황에서 빚이 무서워서 무주택자 포지션을 계속 유지해봤자, 결국 대출을 더 내야 한다. 치솟는 전셋값을 감당하려면 빚을 내는 수밖에 없기 때문이다. 이게 싫으면 현재 보증금 수준으로 갈 수 있는 집을 골라 이사 가야 한다.

은행에
현금 쌓아두지 마세요

서울이라는 도시는 다른 선진국 수도와 비교해도 결코 뒤떨어지지 않는 메트로폴리스다. 교통, 일자리, 문화 인프라가 이렇게 집약적으로 투입된 도시는 그리 많지 않다. 이런 도시에 있는 집을 빚내서 사는 건 당연한 거다. 빚 없이 현금을 모아서 서울에 집을 살 수 있는 시대가 언젠간 올까? 나는 그런 미래는 없다고 확신한다.

군이 돈을 은행에 쌓아둘 필요는 없다. 차라리 내 집을 구하고, 다달이 대출을 갚아나가는 게 낫다. 주택담보대출 원리금 상환은 사실상 최고의 저축이자, 가장 안정적인 재테크다.

잘나가는
연예인들은
왜 월세에 살까?

#공시가
#재산세
#종부세
#세금_걱정은_머리에서_지워라

몇 년 전부터 연예인들이 자신의 집을 공개하는 예능 프로그램이 인기다. 잘나가는 스타들은 마치 공식처럼 한남동에 있는 고급 빌라에 정착한다. 이 빌라들 가격은 최소 40~50억 원 정도다. 100억 원이 넘는 주택도 많다.

시청자들은 랜선 집들이를 통해 스타들의 고급 주택을 보며 감탄한다. 그런데, 그곳에 사는 연예인 상당수가 매매가 아니라 월세라는 사실을 알고 살짝 의아해하기도 한다. 그들이 내는 월세는 1000만 원이 훌쩍 넘는다. 월세로만 1년에 1억 원 이상을 쓰는 것이다. '돈도 많이 벌 텐데, 차라리 집을 사는 게 낫지 않나?'라는 의문이 든다.

평범한 직장인 연봉의 수십 배를 버는 스타들은 왜 집을 사지 않을까. 대부분은 세금 때문이다. 한남동 고급 주택을 소유하기만 해도 1년에 내야 하는 세금은 웬만한 직장인 연봉보다 훨씬 많다. 스타들의 소득은 일정하지 않다. 지금 당장은 잘 벌어도 언제 어떻게 될지 모른다. 그래서 그들은 한 달에 월세 1000만 원을 지불하는 게 더 편리한 선택이다. 훗날 소득이 줄었을 땐 월세가 저렴한 곳으로 집을 옮기면 되니까.

하지만 이건 어디까지나 상위 1% 스타들의 이야기다. 그들은 어차피 부동산에 투자하지 않아도 많은 돈을 벌 수 있는 사람들이다. 굳이 집 매매에 연연하지 않아도 된다. 그래서 평범한 사람들은 '세금 때문에 집을 사지 않는 스타들' 이야기에서 영감을 얻지 않아도 된다. 세금보다 월세 내는 게 유리한 집은 한남동 펜트하우스에서나 적용되는 이야기다.

10억 원 아파트를 샀을 때
내는 세금은

현실적인 아파트로 사례를 들어보자. 서울에 시세 10억 원짜리 아파트 한 채를 보유하면 1년에 세금을 얼마나 낼까. 주택에 매기는 세금은 실거래가가 아니라 공시가를 기준으로 산정한다. 공시가란 정부에서 산정한 아파트 가격을 말한다. 통상적으로 공시가는 실거래가보다 낮게 책정된다. 공시가가 11억 원 미만인 아파트는 재산세만 낸다. 공시가가 11억 원 이상인 아파트는 재산세와 함께 종합부동산세까지 내야 한다.

서울 10억 원짜리 아파트 공시가는 대략 7~8억 원 정도다. 즉, 재산세만 내면 된다. 이 가격의 집을 보유한 사람이 내야 할 재산세는 1년에 약 120만 원 정도다. 12개월로 나누면 매달 10만 원 정도를 내는 셈이다. 물론 강남에 시세 20~30억 원 이상 아파트를 보유한 사람들은 재산세와 함께 종합부동산세까지 내야 하기 때문에 세금 부담이 적지 않은 건 사실이다. 하지만 이제 실거주용 한 채를 마련하려는 사회 초년생이라면 아직 거기까진 생각하지 않아도 된다.

세금을
무서워하지 마세요

최근 부동산 보유세가 크게 늘어 집주인의 세금 부담이 급증했다는 뉴스가 많이 나온다. 실제로도 그렇다. 정부는 공시가를 실거래가 수준으로 높이려 하고 있다. 공시가가 오른다는 건 재산세를 더 많이 내야 한다는 의미다. 또한 다주택자들이 내야 하는 세금 부담도 확 늘었다. 상황이 이렇다 보니 세금에 지레 겁을 먹고 집 사기를 잠시 미루는 사람들도 있다.

하지만 이럴 때일수록 냉정하게 생각해야 한다. 우린 매매가 아니더라도 어딘가에서 살아야 한다. 전세로든 월세로든 말이다. 현실적으로 서울에서 그저 그런 퀄리티의 원룸도 최소 월세가 50만 원은 한다. 1년이면 600만 원이다. 10억 원 집을 보유했을 때 내야 하는 세금의 5배를 지불해야 한다.

월세가 아니라 전세로 살고 있다고 해도 안심할 수 없다. 전세나 월세 주택을 공급하는 집주인들은 당연히 다주택자다. 이들이 내야 하는 부동산 보유세 부담은 급증하고 있다. 그렇다면 집주인들은 어떤 선택을 할까. 당연히 그들은 세입자들과 고통을 나누려 할 것이다. 월세를 올리고, 전세 가격을 올리는 방식으로. 당연한 경제 논리다. 라면을 만드는 기업도 재료값이 오르면 가격을 올린다.

세금이 무서워서 세금보다 훨씬 과도한 대가를 지불하며 사는 건 슬픈 일이다. 수십억짜리 아파트를 사는 게 아니라면 세금 걱정은 머리에서 지워도 된다.

집값이
폭락한다고
외치는 사람들에
대하여

#인버스
#집값폭락론
#자본주의는_성장한다는_믿음을_가져라

집을 살 수 있는 여력이 있고, 실제로 집 구매 직전까지 갔다가 결국 포기하는 사람들이 있다. 또한 잘살고 있는 집을 팔고 전세 아파트로 들어가는 사람도 있다. 왜 이런 선택을 할까? 이유는 하나다. 집값이 오를 만큼 올랐고, 이제는 떨어질 타이밍이라고 판단한 것이다.

잠깐 주식 이야기를 해보자. 어떤 기업의 주식을 사는 이유는 당연히 그 주식의 가격이 오르기를 기대하기 때문이다. 하지만 주식시장에는 다양한 상품이 있다. 상승이 아니라 하락에 베팅하는 상품도 있다. 이런 상품을 인버스 상품이라고 부른다. 인버스 상품은 증시가 하락해야 돈을 버는 구조다. 반대로 증시가 오르면 돈을 잃는다.

개인들이 투자해서 손실 입은 종목들을 보면 언제나 인버스 상품이 상위권에 들어 있다. 꽤 많은 사람이 시장 하락에 베팅하지만, 거기에서 좋은 성적을 못 거둔다는 뜻이다. 이것이 말하는 교훈은 하나다. 개인은 섣불리 하락에 돈을 걸면 안 된다. 가급적이면 자본주의는 성장한다는 믿음을 가져야 한다. 인류는 세계대전, 대공황, 글로벌 금융위기도 결국 극복했다. 그래서 성장에 베팅하는 사람이 장기적으로 봤을 땐 하락에 돈을 거는 사람보다 성공할 확률이 높다.

왜 사람들은 폭락론에 유혹당하는가

요즘처럼 언론에 부동산 전문가들이 자주 등장하던 시대가 있었던가. 언론뿐 아니라 유튜브에도 부동산 전문가를 자처하는 사람들이 활발하게 활동한다. 사람들이 그들에게 묻고 싶은 건 하나다. '집값이 오를까요? 내릴까요?' 그래서 부동산 전문가들도 대개 두 부류로 나뉜다. 누군가는 집값 상승이 당분간 멈추지 않을 것이라 진단하고, 누군가는 집값 버블이 곧 터진다고 경고한다. 비율로만 따지면 집값 상승을 말하는 전문가가 압도적으로 많다.

당연히 이유는 있다. 집값 상승을 주장하는 사람들의 근거는 이렇다. 수요에 비해 지나치게 부족한 주택공급, 시중에 풀린 어마어마한 유동성, 집값을 부추길 수밖에 없는 부동산 규제 등등. 그들은 지금 당장의 시장 현실을 냉정하게 진단하고, 당분간 집값 상승이 멈출 수 없는 이유에 대해 차근차근 설명한다.

반면 집값 폭락을 외치는 전문가들의 레퍼토리는 과거에나 지금이나 비슷하다. 인구 감소가 진행될수록 결국 수도권 집 수요가 떨어진다는 것이다. 또한 부동산 거품이 꺼진 일본 사례를 보라고 한다. 정말 그럴까? 우리나라 인구가 감소하는 건 맞다. 하지만 1인 가구 증가로 집 수요는 오히려 더 늘어나는 중이다. 최근엔 중국 자본까지 들어와서 서울 아파트를 매수하는 중이다.

일본 집값 버블이 폭락한 사례도 우리나라와 일대일로 비교하기는 어렵다. 당시 일본은 개인이 아니라 기업이 앞장서서 부동산 투기를 했다. 기업들이 본업을 무시하고 무리하게 대출을 받아 부동산시장에 뛰어들었다. 그래서 일시적으로 부동산 공급 폭탄이 있었다. 기업이 아닌 개인들이 실거주 목적으로 내 집을 마련하는 현재 한국 상황과는 차이가 크다.

왜
폭락을 외치는가

집값 폭락을 외치는 사람들은 몇 년째 비슷한 말을 반복하고 있다. 계속 일본 이야기다. 이들은 2년, 3년, 4년, 5년 전에도 같은 이야기를 했다. 최근 10년 내내 집값이 폭락할 거라고 말하는 전문가도 있다. 문제는 이들의 예측이 결과적으로 틀렸다는 것이다. 그런데도 그들은 사과 한번 없이 지금 이 순간에도 집값이 떨어질 거라고 말한다. 마치 기우제를 지내는 것처럼.

폭락을 외치는 사람들에게는 공통점이 있다. 그들은 '공포'라는 감정을 부추긴다. 이 사람들이 주로 활동하는 영역은 유튜브. 집값 폭락론을 주도하는 유튜버들을 보면 썸

네일부터 자극적이다. "지금 아파트 사면 망한다", "부동산 대폭락 대재앙 옵니다", "지금 집 사면 호구입니다!"

그들은 지금 이 순간에도 최대한 자극적인 단어를 골라서 공포를 부추기고 있다. 그리고 실제로 이런 사람들에게 설득당해 집 사기를 포기한 사람도 있다. 심지어 집을 판 사람도 있다.

도대체 왜 이들은 집값이 폭락한다고 주장하는 걸까? 이유는 간단하다. 그게 잘 팔리는 상품이기 때문이다. 대다수 전문가가 집값 상승을 얘기한다. 여기에서 똑같은 말을 해봐야 차별성이 없다고 판단한 것이다. 그래서 시장 상황과 상관없이 맹목적으로 집값 폭락을 외친다. 이들은 어떤 식으로든 관심 끌어서 명성을 얻는 게 목적이다.

문제는 이들의 말에 휘둘리는 사람이 있다는 것이다. 집을 수십 채 사려는 전문 투자자들이야 항상 조심할 필요가 있겠지만, 내 집 한 채 마련하는 꿈을 가진 사람들은 저런 폭락론자 말에 귀 기울일 필요가 없다. 집값이 폭락할 거라며 자꾸 공포를 부추기는 사람들이 있다면 그들의 과거 발언을 찾아보자. 아마도 수년째 앵무새처럼 똑같은 말만 반복하고 있을 테다. 이런 사람들에게 속지만 않아도 1승을 거두는 것이다.

"현명한 투자자는
비관주의자에게서
주식을 사서
낙관주의자에게 판다."

벤저민 그레이엄(Benjamin Graham, 1894~1976)
가치투자 이론의 창시자

App

부동산 공부하려면 이 앱을 깔아야 합니다

#앱
#카페
#유튜브
#부동산_경기_흐름을_읽어라

직장인이 된 대학 동기들끼리 만나면 가장 많이 하는 이야기는 결국 돈이다. 대학생 때 밤새워 영화 이야기를 하고 좋아하는 음악에 관해 토론하던 친구들 역시 이제는 부동산, 주식 이야기를 한다. 속물이 됐다고 자기 비하를 할 필요는 없다. 어떤 위치에 있냐에 따라 고민도 달라지는 법이다.

직장인이 된 이후엔 땅 위에 발을 굳게 딛고, 파도에 휩쓸리지 않도록 현실을 직시해야 한다. 그러려면 돈을 공부해야 한다. 물론 돈이 인생의 전부는 아니다. 하지만 돈이 부족하면 돈이 인생의 전부가 돼버리고 만다. 자본의 속성을 빨리 깨달아야만 '돈이 인생의 전부'가 되는 함정을 피할 수 있다.

주식과 다르게 부동산 공부는 어렵게 느끼는 사람이 많다. 접근성 자체가 다르기 때문이다. 우리는 전 세계 1등 기업 애플의 주식을 살 수 있다. 하지만 강남 아파트 가격 앞에서는 초라함을 느낀다. 이번 생이 아니라 다음 생에도 강남 집은 못 살 것 같은 무력함을 느낀다. 그래서 부동산 공부는 아예 접어버리는 사람도 있다. 이런 무기력함에서 벗어나야 한다.

부동산은 우리의 삶과 뗄 수 없다. 주식은 안 사도 그만이지만, 우리는 분명히 어딘가에서 살긴 살아야 한다. 부동산에 관심 없는 사람도 부동산 경기에 영향을 받는다. 그래서 당장 집을 살 생각이 아니더라도 부동산 경기 흐름을 인지해야 한다. 이 흐름을 읽어야만 언젠간 방법도 찾을 수 있다. 이제 막 부동산 공부에 입문한 사람들에게 꼭 필요한 것들을 정리해봤다.

'호갱노노' 앱은
필수입니다

버스를 타고 서울 도심을 이동하다 보면 창밖으로 아파트들이 보인다. 문득 '저 아파트는 얼마쯤 할까?' 이런 생각이 스친다. 답을 알고 싶으면 네이버 앱을 켜서 아파트 이름을 검색하면 된다.

하지만 이 과정 자체가 조금 번거롭다. 버스 창밖의 아파트 이름이 제대로 안 보이면 검색하기가 까다롭다. 지도 앱을 켜서 실시간 내 위치를 찍은 후 지도 내에서 아파트 이름을 확인한 후에 다시 네이버 앱으로 돌아와 그 아파트를 검색해야 한다.

'호갱노노' 앱은 이 수고를 한 방에 덜어준다. 이 앱은 아파트 실거래가 정보를 제공하는 앱이다. 사용법은 간편하다. 앱을 켜면 실시간으로 지도 위에 내 위치가 뜬다. 그리고 현재 내 주변에 있는 아파트들의 정보가 뜬다.

아파트 가격만 뜨는 게 아니다. 이 동네에 나온 경매 물건, 학군, 교통 환경, 인구, 거래량, 상권, 주민 소득수준 등 구체적인 데이터를 확인할 수 있다. 종합선물세트다. 또한 자신이 원하는 가격대의 아파트와 조건들을 입력하면 그 조건에 맞는 부동산까지 자동으로 추천해준다. '호갱노노' 앱은 사실상 필수다.

네이버 카페 '부동산 스터디'

주식 고수들 중에선 대중에게 꽤 알려진 사람들이 많다. 존리 메리츠자산운용 대표, 강방천 에셋플러스자산운용 회장이 대표적이다.

반면 부동산시장에선 이런 인플루언서가 비교적 드물다. 주식시장과 다르게 부동산은 기관이나 큰손이 주도하는 시장이 아니기 때문이다. 그 대신 부동산시장은 개인들의 '내 집 마련 꿈' 혹은 '욕망'이 한데 뭉뚱그려져 움직이는 곳이다. 즉, 길거리 민심을 파악하는 게 부동산 공부에선 필수다.

네이버 카페 '부동산 스터디'는 국내 최대 부동산 관련 커뮤니티다. 가입자만 180만 명이 넘는다. 여기엔 익명의 고수들이 많다. 정부가 복잡한 부동산 규제를 발표하면 이 카페는 곧바로 들끓는다. 규제 내용을 정확히 진단하고, 그로 인해 벌어질 수 있는 파장에 대해 심도 있게 분석하고 토론한다.

온갖 부동산 뉴스와 여론이 수렴하는 이 커뮤니티만 수시로 체크해도 현실적인 재테크 감각을 기를 수 있다. 기자들 역시 생생한 부동산 민심을 파악하기 위해 이 카페를 참고한다.

80만 유튜버 '부읽남'

2009년 삼성물산에 입사해 2016년에 은퇴한 남자가 있다. 삼성물산은 대기업 중에서도 대기업으로 불리는 곳이다. 이 남자가 회사를 때려치웠을 때의 나이는 겨우 서른네 살이었다. 어떻게 이른 나이에 은퇴할 수 있었을까. 그는 취업

직후부터 부동산 공부에 집중했다. 주말이면 전국을 돌아다니며 투자할 아파트를 탐색했다. 부동산 경매 공부에 매달렸고, 이 분야로 성과를 거뒀다. 덕분에 그는 30대 중반에 조기 은퇴를 하고, 부동산 관련 사업에 본격적으로 뛰어들었다.

그는 현재 '부읽남부동산 읽어주는 남자'이라는 닉네임으로 활동하는 유튜버가 됐다. 구독자는 80만 명이 넘는다. '부읽남' 유튜브 채널은 당연히 부동산투자와 관련한 실용적인 정보를 제공한다. 하지만 그게 전부는 아니다. 밑바닥부터 실전을 겪으면서 공부한 사람답게 투자자가 가져야 할 마인드에 대해서도 꽤 진지하게 다룬다. 예컨대 그는 "모든 투자에는 리스크가 필요한데, 이 리스크를 감내하지 않고는 어떤 기회도 잡을 수 없다"라는 식으로 일갈한다. "포기하지 말고 할 수 있는 것 중에서 최선을 찾자"라며 응원도 한다. '부읽남'처럼 자신의 손으로 무언가를 직접 이룬 사람의 말은 귀를 열고 들어봐야 한다.

"끊임없이
도전하는 사람이
결국 게임의
승자가 된다."

피터 린치

자본주의 생존공식

열심히
일만 했을 뿐인데,
왜 벼락거지가
되는 걸까?

#재테크열풍
#부자아빠가난한아빠
#인간은_평생_일할_수_없다

최근 SNS에 부쩍 '미라클모닝' 해시태그가 많이 보인다. 이 해시태그를 단 사람들은 새벽 4~5시쯤 기상해서 자신이 무엇을 했는지 인증샷을 올린다. 많은 사람이 꿈에서 허우적거리고 있을 때 그들은 요가, 공부, 독서, 달리기를 한다.

재택근무가 확산하고 타인과 만나는 빈도가 줄어들면서 사람들은 자연스럽게 자신에게 집중하기 시작했다. 이참에 자신을 업그레이드하려는 사람이 늘어났다. 미라클모닝 열풍은 바로 여기에서 나왔다. 자기계발과 함께 재테크 열풍도 뜨겁다. 사실상 자기계발과 재테크는 한 몸이다. 모두 삶을 풍요롭게 하기 위한 수단이다. 그래서 자기계발서와 재테크 서적이 밀물처럼 쏟아지고 있다. 이럴 때일수록 고전을 펼치면 좋다. 로버트 기요사키의 『부자 아빠 가난한 아빠』가 그런 책이다. 읽지 않은 사람도 책 제목만큼은 들어봤을 테다.

4000만 부 팔린 『부자 아빠 가난한 아빠』

사람들은 늘 위기 속에서 무언가를 배운다. IMF 외환위기를 맞은 후 대한민국은 경제의 중요성에 대해 뼈저리게 깨달았다. 『부자 아빠 가난한 아빠』는 바로 이 시기에 출간됐다. 자본주의 사회에서 생존하는 방법을 담은 이 책은 우리나라에서만 300만 부가 팔렸다. 전 세계적으로는 4000만 부가 팔렸다.

　재테크 서적은 수명이 길지 않다. 경제 정책이 수시로 변화하기 때문이다. 부동산 규제만 해도 최근 몇 년 동안 수십 번 바뀌었다. 그래서 실전 투자 전략을 담은 부동산 책들은 정책 변화 때문에 금세 무용지물이 된다. 하지만 『부자 아빠 가난한 아빠』는 여전히 잘 팔린다. 심지어 이 책은 주식투자자, 부동산투자자 양쪽 모두에게 지지를 받는다. 자본주의 작동 원리를 쉽게 풀어 설명하는 책이기 때문이다.

열심히 일만 해서는
안 됩니다

이 책이 말하는 부자 아빠와 가난한 아빠의 차이점은 무엇일까. 평생 열심히 일만 한 아빠가 있다고 가정해보자. 그런데 이 아빠는 소처럼 부지런히 일하고도 결국 부자가 되지 못했다. 왜 그럴까? 열심히 일만 했기 때문이다. 노동을 신성하게 생각하며, 노동소득만이 미덕이라고 여긴 것이다. 그래서 다른 소득 구조를 만들어놓지 못했다. 인간은 평생 일할 수 없고, 일해서도 안 된다. 우리는 모두 늙고 언젠가는 직장에서 나가야 한다. 그때가 되면 노동소득은 완전히 사라진다.

반대로 부자 아빠는 어떻게 부를 거머쥐었을까? 물론 부자 아빠도 열심히 일해서 돈을 벌었다. 하지만 노동소득만을 중시한 가난한 아빠와는 달리 자신이 일하지 않아도 돈이 나오는 파이프라인을 꾸준히 개척했다. 노동으로 벌어들인 소득으로 주식을 사서 배당금을 받는다. 모아놓은 돈과 대출을 받아 부동산을 사서 월세를 받는다. 이렇게 노동으로 벌어들이는 돈을 꾸준히 주식과 부동산이라는 자산에 투입했다. 주식과 부동산에서 나오는 수익을 또다시 주식과 부동산에 투자하는 방식으로 계속 자산의 규모를 늘려갔다. 어느 순간 직접 일을 하지 않아도 충분한 수입이 나오는 환경이 구축됐다.

요약하자면 자본주의 사회에서 자본에 대한 이해 없이 오직 일만 열심히 하면 답이 안 나온다는 거다.

출간한 지 20년이 넘은 『부자 아빠 가난한 아빠』는 오늘날 한국 부동산 상황에 대입해도 가치가 있는 책이다. 집을 보유하지 않았다는 이유만으로 자조하는 사람들이 많다. 코로나보다 집값 때문에 우울한 사람이 압도적으로 많을 테다. 이들은 아마도 '나는 열심히 일만 했을 뿐인데, 왜 벼락거지가 된 것 같지'라며 한숨을 쉴 것이다. 지금이라도 깨달아야 한다. 그냥 일만 해선 안 된다. 자본을 이해해야 한다. 그러지 않고서 부자가 될 방법은 없다.

"부자는 자산을 산다.
가난한 사람들은
지출만 한다.
중산층은 부채를 사면서
자산이라고 생각한다."

로버트 기요사키(Robert Kiyosaki, 1947~)
『부자 아빠 가난한 아빠』의 저자, 재테크 전문가

〈오징어게임〉 닮은 자본주의에서 생존하는 방법

#레이달리오
#올웨더포트폴리오
#복리의마법
#현금은_아무_일도_하지_않는다

〈오징어게임〉(2021)에 전 세계가 열광한 이유는 뭘까. 많은 사람은 이 잔혹 드라마가 결국 우리 사회와 비슷하다고 느꼈다. 자본주의를 채택한 나라에서 경쟁은 필수다. 취업만 해도 그렇다. 내가 붙기 위해서 누군가 떨어져야 한다. 기업 간에도 치열하게 경쟁을 벌이고, 기업 안에서도 팀 단위로 경쟁을 하고, 팀 안에도 또 경쟁이 있다. 이 경쟁에서 꾸준히 이기는 사람은 더 많은 보상을 얻고, 연달아 패배하는 사람에게는 적은 몫이 돌아간다.

　세상을 오직 경쟁으로만 바라보는 건 피곤한 일이다. 하지만 어쩌겠는가. 우리는 자본주의라는 냉정한 게임 안에 들어와 있다. 〈오징어게임〉 참가자처럼 남을 잔혹하게 짓밟으

면서까지 승리할 필요는 없지만, 그렇다고 굳이 패배할 필요
도 없다. 자본주의 사회에서 패배자로 사는 건 불편하고 슬
픈 일이다. 〈오징어게임〉에 참가한 사람들 역시 자본주의라
는 게임에서 완벽하게 패배하고 주변부로 밀려난 사람들이
다. 자본주의 게임에서 살아남는 법칙에 대해 공부할 때다.

자본주의 생존 법칙 1: 현금을 믿지 마라

레이 달리오는 '헤지펀드의 황제'라고 불리는 전설적인 투
자자다. 그는 2008년 글로벌 금융위기라는 퍼펙트 스톰을
정확하게 예측했다. 레이 달리오는 '올 웨더 포트폴리오All
Weather Portfolio'라는 투자 스타일을 확립했다. 말 그대로 모
든 계절에 대응 가능한 투자 기법이다. 그는 금, 은, 주식, 채
권은 물론이며 최근엔 비트코인까지 자산으로 편입했다. 전
통적으로 증시가 호황이면 금, 은, 채권 가격이 내려간다. 반
대로 주식시장이 불황일 땐 안전자산으로 불리는 금, 은, 채
권의 가격이 올라간다. 레이 달리오는 시시각각 변하는 경제
환경에 유연하게 대응할 수 있도록 자산을 다양한 분야에

분산시켜 놓은 것이다.

레이 달리오가 늘 하는 말이 있다. 그는 꾸준히 "현금은 쓰레기다 Cash is Trash"라고 주장한다. 언뜻 보면 과격한 조언 같지만, 그럼에도 이 위대한 투자자가 왜 이런 말을 하는지 뜯어볼 필요가 있다. 법칙 2에서 자세히 설명해보겠다.

자본주의 생존 법칙 2: 인플레이션을 이해하라

만약 이번 주 토요일에 로또 1등에 당첨됐다고 가정해보자. 세금 다 떼고 15억 원 정도를 수령한다고 치자. 이 돈으로 뭘 할 수 있을까. 5년 전이었다면 잠실 엘스 30평대 아파트 한 채를 살 수 있었다. 그러고도 무려 6억 원 정도가 남았다. 이 6억 원으로 주식을 살 수도 있고, 전세를 낀 채 잠실 엘스 30평대 한 채를 더 살 수 있었다. 그런데, 지금은 어떤가. 5년 전에 9억 원이었던 잠실 엘스는 현재 20억 원이 넘는다. 이젠 로또 1등에 당첨돼도 서울 상급지 아파트 한 채를 사기 어렵다는 뜻이다. 물론 15억 원은 큰돈이다. 지금도 이 돈이면 서울에서 괜찮은 아파트를 구매할 수 있다. 그런데, 만약 이 현금을 사용하지 않고 그냥 통장에 넣어두면 어떨까. 그리고 또 5년이 지났다고 가정해보자. 단언하건대, 5년 전에 15억 원으로 살 수 있었던 아파트를 그때가 되면 사기 어려울 것이다. 이것이 인플레이션물가 상승이며 레이 달리오가 "현금은 쓰레기"라고 주장하는 이유다.

아파트, 주식, 비트코인, 금, 은 모두 가치 저장 장치다. 이 자산들은 우리가 잠든 사이에도 열심히 일하고, 그 결과 장기적으로 가치가 상승한다. 현금은 어떤가. 현금은 그 자체로 아무 일도 하지 않는다. 현재 통장에 1억 원이 있는데, 한 푼도 안 쓰고 10년이 지났다고 가정해보자. 10년 전의 1억 원과 현재의 1억 원은 전혀 다르다.

너무 큰 금액으로 사례를 들어 막연할 수도 있다. 그럼 1만 원으로 생각해보자. 1981년 1만 원으로 삼양라면을 100봉지 살 수 있었다. 물가는 계속 오른다. 2002년 1만 원으로 살 수 있는 삼양라면은 19봉지에 불과하다. 그리고 현재는 1만 원으로 13봉지만 살 수 있다. 앞으로 1만 원으로 살 수 있는 라면 개수는 꾸준히 줄어들 것이다. 현금은 희소하지 않고, 희소하지 않은 자산은 가치가 떨어진다. 현금만 장기적으로 들고 있는 건 원금을 지키는 것이 아니다.

자본주의 생존 법칙 3: 현금을 없애버려라

현금만 장기간 보유하는 게 위험하다는 것을 깨달았다면, 그다음은 현금을 없앨 차례다. 조금 과감한 비유를 들자면, 예금 통장에서 빈둥거리는 현금을 멱살 잡고 통장 밖으로 끌어내 일터로 내보내야 한다. 어떤 일터로 내보낼지는 개인의 선택이다. 나는 주식, 펀드, ETF, 부동산, 비트코인에 현금을 투입하는 중이다. 매달 월급날마다 들어오는 현금을 삼성전자, 테슬라, 애플 등 다양한 기업들의 주식으로 교환한다. 현금을 즉각 없애버리는 것이다.

'없앤다'라는 말이 과격하게 들릴 수도 있다. 그렇다면 이건 어떨까. 주식을 살 때마다 나는 내 현금을 전 세계 최고의 일터로 취업시킨다는 생각을 한다. 내가 직접 실리콘밸리에 있는 기업에서 일할 수는 없지만, 적어도 나는 그 기업의 지분을 보유할 수 있다. 그 결과 그 기업들이 내는 성과를 나누어 가질 수 있다. 누군가는 이렇게 물어볼 수도 있다. "주식투자는 원금보장이 안 되는 거 아닌가요?" 그러면 나는 이렇게 말한다. "어차피 현금만 들고 있으면 100% 손실입니다. 뭐라도 해야죠."

자본주의 생존 법칙 4: 그럼에도 복리를 믿어라

물론 투자는 쉽지 않다. 통계만 봐도 개인 투자자가 주식으로 돈을 버는 경우보다 잃은 경우가 더 많다. 2020년 국내 증시는 1년 내내 호황이었다. 그런데 정작 이 시기에 투자를 처음 시작한 사람 중 3분의 2는 돈을 잃었다. 왜 그럴까. 빠르게 많은 돈을 벌려는 초조함 때문에 한 주식을 오래 들고 있지 않고 계속 사고팔기를 반복했다. 또한 리스크가 큰 상품을 빚까지 내며 투자를 했다. 이런 방식의 접근은 투자가 아니라 투기다. 하지만 투기를 하는 사람들은 자신이 투자자라고 착각한다.

우리는 현금을 지불해서 즐거운 일들을 할 수 있다. 그런데 이런 즐거움을 포기하면서까지 투자를 했는데, 돈을 잃는 건 개인에게 큰 상처를 입힌다. 이런 상처들이 쌓이고 쌓이면 결국 '주식은 사기다'라고 생각하며 시장을 떠난다.

어떻게 이런 함정에 빠지지 않고 지속 가능한 투자를 할 수 있을까. 워런 버핏의 말에 힌트가 있다. 그는 이렇게 말했다. "주식시장은 인내심 없는 사람의 돈을 인내심 있는 사람에게 이동시키는 도구다." 버핏은 실제로 한번 산 기업은 좀처럼 팔지 않는 투자자다. 버핏이 꾸준히 강조하는 가치가 바로 복리다. 연평균 10% 수익률을 내는 상품을 생각해보자. 실제로 S&P 500에 투자하는 상품 SPY의 경우가 그렇다. 지난 수십 년간 SPY가 낸 수익률을 연평균으로 환산하면 대략 10% 정도다.

SPY에 매달 꾸준히 100만 원씩 투자하면 어떻게 될까. 최근 5년간 투자했다면 총 투자 원금은 6000만 원이며, 수익을 합치면 9400만 원 정도다. 똑같은 방식으로 10년을 투자하면 어떨까. 총 투자금은 1억 2000만 원이며 평가액은 2억 7000만 원이다. 그렇다면 기간을 더 확 늘려서 똑같은 방식으로 20년을 투자하면? 투자 원금은 2억 4000만 원이며 평가액은 8억 8000만 원이다. 긴 시간을 투자할수록 수익은 기하급수로 늘어난다. 이것이 바로 위대한 투자자들이 강조하는 '복리의 마법'이다.

그러니까 결국 자본주의라는 오징어 게임에서 생존하려면 낙관주의자가 될 필요가 있다. 단기적으로 시장은 요동칠 수 있지만, 길게 보면 성장한다. 우리는 그 성장을 믿고 꾸준히 현금을 역동적인 자산에 투입해야 한다.

"경제학은 인간의
일상생활을 연구하는
학문이다."

앨프리드 마셜(Alfred Marshall, 1842~1924)
수요와 공급의 경제 원리를 완성한 경제학자

파이어족이
되고 싶다고?
부업은 필수입니다

#경제적자유
#파이프라인
#N잡
#월급은_늘_아쉽다

미국에서 유행한 파이어족 트렌드가 이제 한국까지 점령했다. 경제적인 자유를 이룬 상태로 조기에 퇴사하고 싶은 사람이 많아졌다.

　하지만 파이어족을 꿈꾸는 사람 중 실제로 조기 은퇴에 성공하는 사람은 얼마나 될까. 대다수 사람이 직장인 굴레에서 벗어나 자유로운 삶을 살고 싶지만, 이걸 이루는 사람은 별로 없다. 또한 이런 지적을 하는 사람도 꽤 많다. "막상 직장 때려치운 후에 놀아봐. 처음에만 즐겁지. 나중엔 지루해. 사람은 일을 해야 돼." 그런데 이런 말을 하는 사람 중에서 은퇴한 후 놀아본 사람은 별로 없다. 그래서 신빙성이 조금 떨어진다.

부업을 해야 하는
두 가지 이유

노동 그 자체가 우리에게 주는 의미는 있다. 매일 같은 시간에 일어나서 같은 시간에 출근하고 비슷한 일을 하는 것. 지겹게 느껴질 수도 있겠지만, 이런 견고한 루틴이 우리의 삶을 단단하게 만든다.

그런데 파이어족에 대한 오해가 있다. 어느 정도 경제적 여유를 갖춘 후 직장에서 은퇴한다고 해서 일을 안 할까? 파이어족이 하루 종일 집에서 빈둥거리고, 틈만 나면 여행이나 다니며 유유자적 놀 것 같은가? 그렇지 않다. 제각각 자신만의 일을 한다. 그것도 꽤 치열하게. 그들은 자신의 장점을 살려 가치를 창출한다. 누군가는 유튜브를 하고, 누군가는 강연을 한다. 책을 쓰는 사람도 있고, 수익형 블로그를 운영하는 사람도 있다. 직장인과 다른 점은 내가 내 시간을 자유롭게 운영할 수 있다는 것이다. 이런 일들 대부분은 직장에 다닐 때부터 부업을 통해 틈틈이 쌓아둔 스킬을 활용한 것이다.

오직 절약하고 월급만을 꼬박꼬박 모아서 파이어족이 될 수 있을까? 사실상 불가능하다. 부동산이든 주식이든 투자는 필수다. 그럼 월급을 아껴서 투자만 하면 파이어족이 될 수 있을까? 물론 월급이 많다면 가능할 수도 있다. 하지만 적은 월급을 받고 있다면, 플러스알파가 필요하다. 월급 외 소득이 필요하다는 뜻이다. 파이어족은 이걸 파이프라인이라고 부른다.

월급 이외에도 주기적으로 현금이 나오는 파이프라인을 갖춰야 한다. 즉, 부업이 필요하다. 요즘엔 N잡이라고도 부른다. 부업이 중요한 이유는 두 가지다. 일단, 월급은 늘 아쉽다. 그래서 주식 한 주라도 더 사려면 부업이 필수다. 또한 우리가 더 이상 직장인이 아니게 됐을 때, 부업으로 하던 일을 그대로 이어서 할 수 있다. 지금 바로 시작할 수 있는 부업들은 뭐가 있을까.

유튜브?
블로그는 어때

최근 몇 년간 직장인들이 가장 많은 관심을 가졌던 부업은 바로 유튜브다. 평범한 사람이 유튜브로 큰돈을 버는 사례가 실제로 있기 때문이다. 의지가 있다면 한번쯤 도전해보는 것도 나쁘진 않다. 빨리 도전하고 빨리 실패하는 것도 의미가 있다. 꽤 큰 꿈을 안고 브이로그 유튜브 채널을 개설한 지인이 몇 명 있다. 그런데 다들 얼마 못 가서 접었다. 취미로 하는 거라면 말리지 않는다. 하지만 그들은 돈을 벌기 위해서 브이로그 유튜브 채널을 만들었고, 결국엔 그만뒀다. 이제 유튜브에는 연예인들도 뛰어들어 브이로그를 올린다. 제니, 아이유, 솔라, 신세경 등 엄청난 경쟁자들과 다퉈야 한다는 뜻이다. 유튜브는 한번 터지면 큰돈을 벌 수 있는 건 맞지만, 이젠 난이도가 너무 높다. 또한 직장인이 부업으로 하기에는 투입해야 하는 시간과 자본도 만만치 않다.

반면 블로그는 어떤가. 누군가는 "아직도 블로그라는 게 살아 있어?"라고 물어볼 수도 있다. 오히려 이런 영역에 기회가 있다. 여전히 블로그는 유의미한 트래픽이 몰리는 채널이다. 누구나 어느 정도의 노력만 있으면 블로그를 통해 돈을 벌 수 있다. 예컨대, 네이버 블로그를 보자. 네이버는 블로거에게 광고 수익을 나눠준다. '애드포스트'라는 기능을 활용해 포스팅 중간중간에 배너광고를 달아준다. 물론 애드포스트 기능을 사용하기 위해선 심사를 받아야 한다. 유튜브 수익 창출 조건과 비교하면 심사 문턱은 매우 낮다. 한두 달 정도만 꾸준히 포스팅을 올리면 애드포스트 심사를 통과할 수 있다. 참고로 IT기기 리뷰를 주제로 네이버 블로그를 운영하는 지인은 애드포스트 수익으로만 한 달에 본인의 직장에서 주는 월급만큼 번다.

책,
누구나 쓸 수 있어

책 출간 문턱이 낮아졌다. 종이로 나오는 책은 출판사를 통해 출간해야 하기 때문에 다소 까다롭지만, 전자책은 그렇지 않다. 전자책을 쉽게 사고팔 수 있는 플랫폼도 최근 몇 년간 계속 생겨나고 있다.

'아무리 전자책이라고는 해도 책은 책인데, 내가 어떻게 책을 써.' 이렇게 생각하는 사람은 실제로 전자책을 한 권 구매해서 읽어보면 좋다. 사실상 말이 책이지 일종의 리포트에 가깝다. 워드 파일로 20~30페이지짜리 보고서 같은 전자책이 대부분이다. 이 책들 대부분은 실용적인 정보를 담았다. 예컨대, 파워블로거가 자신의 블로그를 어떻게 키웠는지에 대한 노하우를 담은 책도 잘 팔리는 상품이다. 주식 초보자들을 위한 기본적인 용어들을 일목요연하게 정리한 책도 있다. 태국 여행에서 꼭 가봐야 할 장소를 정리해놓은 책도 있고, 미국 유학 준비 과정을 세세하게 기록한 책도 있다.

자신이 보유한 노하우나 스킬을 조금 긴 보고서 형식으로 만든다고 생각하면 편하다. 전자책 역시 자신이 직접 운영하는 블로그가 있으면 효과는 증폭된다. 블로그를 통해 책을 홍보할 수 있기 때문이다. 잘나가는 블로그에 가보면 알 것이다. 그들 중 대다수가 전자책을 출간하고 구독자들에게 자신의 콘텐츠를 홍보한다.

이렇게까지
살아야 돼?

'직장 일도 빠듯한데, 부업은 무슨 부업'이라고 생각하는 사람들도 분명히 많을 것이고, 아주 틀린 말도 아니다. 본업이 있는데 부업을 하는 건 쉽지 않다. 출근 전에, 출근 이후에, 혹은 남들이 쉬는 주말에도 때론 일을 해야 한다. 당연히 험난한 길이다. 밸런스를 조절하지 않고 본업, 부업 모두 전력 투구하다 보면 탈진이 올 수도 있다. 그만큼 파이어족이 되는 건 힘들다는 뜻이다.

그럼에도 결국 두드리는 사람들이 쟁취하는 법이다. 아등바등 살며 본업, 부업 모두 열심히 하는 사람에게 누군가는 "돈이 인생의 전부가 아니야"라고 말할 수도 있다. 하지만 젊고 체력이 좋을 때 돈을 벌어놔야 하는 이유가 바로 그들이 말한 것처럼 '돈이 인생의 전부가 되지 않기 위해서'다. 그러니 월급만으로는 도저히 미래가 그려지지 않는 상황이라면, 굳이 우물쭈물할 필요가 없다.

스타들도
이렇게 열심히
재테크를 한다

#플렉스
#꼬마빌딩
#비트코인
#100배_수익은_거저_오지_않는다

누군가와 연예인 이야기를 실컷 하다 보면 그 끝에 남는 건 공허한 마음이다. 특히, 불미스러운 일에 연루된 연예인에 대해 이야기할 때가 그렇다. 침 튀기며 연예인을 걱정해주다 보면 대화 끝에 누군가가 이렇게 말하게 마련이다. "연예인 걱정이 가장 쓸데없는 걱정이래." 맞는 말이다. 우리가 걱정해야 할 건 내가 이 세상에 존재하는지도 모르는 스타가 아니다. 우리는 제각각 자기 삶에 대해서 걱정해야 한다.

물론, 한때 잘나갔다가 인기가 없어진 스타 중에서 잘못된 선택을 내린 후 영영 쇠락해버리는 경우도 있다. 반대로, 현명한 스타들은 미리미리 대비한다. 전성기에 훗날을 대비해 열심히 자산을 축적한다. 이런 스타는 전성기가 지나가도 경제적으로 굳건하다. 연예인 이야기를 할 거라면 잘된 사람들에 관해 얘기하는 것이 좋다. 우리도 배워야 할 점이 있기 때문이다.

무엇이 진짜 플렉스인가

잘나가는 래퍼들을 보면 플렉스라는 단어가 연상된다. 실제로 그들의 가사에는 롤렉스, 페라리, 구찌, 루이비통이라는 구체적인 단어가 자주 등장한다. 한 가수는 "플렉스 해버렸지 뭐야"라는 말을 유행시켰고, 많은 인기를 얻었다. 만약 재벌 3세가 인스타그램에 고가의 스포츠카 사진을 올리며 "플렉스 해버렸지 뭐야"라고 말하면 곧바로 해당 소식이 뉴스로 나올 것이다. 비판적인 댓글이 수두룩하게 달릴 게 분명하다. 마음 놓고 플렉스를 할 수 있는 건 래퍼들의 특권이기도 하다. 힙합 장르에선 돈 자랑이 쿨한 것으로 받아들여지니까.

그런데 이 와중에 플렉스에 도통 관심 없는 래퍼도 있

다. 기리보이 이야기다. 기리보이의 정확한 수입에 대해선 알수 없지만, 그가 작곡한 곡의 규모와 인기를 고려하면 힙합 가수 중에서도 상위권이라는 것은 확실하다.

기리보이는 〈라디오스타〉에 출연해서 자신의 재테크에 관해 이야기한 적이 있다. 그는 스스로 "저 돈 진짜 잘 모아요"라고 말했다. 다른 친구들은 정산이 들어오면 그걸 다 쓰는데 본인은 70%를 모은다는 거다. 저작권 통장 자체를 어머니에게 맡겨버렸다고 한다. 래퍼 후배들에겐 "차에 관심 갖지 말고 일단 돈을 모아라"라는 조언도 해준다고 했다. 이렇게 차곡차곡 벌어들인 돈으로 기리보이는 뭘 했을까. 그는 어렸을 적부터 꿈꿨던 정원을 갖춘 주택을 샀다. 그것도 연희동에 있는 3층짜리 집이다. 페라리, 롤렉스, 루이비통, 구찌 모두 근사하지만 내가 볼 땐 연희동 3층 주택이야말로 플렉스 중에서도 최상위 플렉스로 느껴진다.

부동산루자의
정석

스타들이 어떤 건물을 사거나 혹은 팔았다는 소식은 금세 뉴스로 다뤄진다. 이런 기사에 달린 댓글 상당수는 욕설에 가깝다. 연예인이 수백억짜리 건물을 사고팔았다는 소식 그 자체에서 상대적 박탈감을 느끼기 때문일까. 상대적 박탈감이라는 감정 자체는 자연스러운 거다. 하지만 우리는 김연아만큼 피겨 스케이트를 못 타고, 손흥민만큼 축구를 못한다고 해서 상대적 박탈감을 느끼지 않는다. 스타들이 어마어마한 가격의 빌딩을 사고파는 것 역시 마찬가지로 봐야 하지 않을까. 그들은 김연아, 손흥민처럼 자신의 분야에서 성공한 극소수의 사람들이며, 당연히 이들에겐 금전적 보상이 따라온다. 그들이 건물을 매매하는 과정에서 탈세와 같은 불법이 없었다면, 이건 자본주의 사회에서 정당한 거래다. 돈을 많이 버는 사람이 더 많은 자본을 획득하는 건 자연스러운 일이다. 오히려 잘 벌고 잘나갈 때도 경거망동하지 않고 희소한 자산(부동산)을 하나라도 더 모아가는 스타들로부터 뭔가를 배우려고 하는 태도가 우리 삶에 더 긍정적인 영향을 줄 수 있다.

그런 의미에서 씨스타 출신 소유의 부동산투자는 다른 연예인들의 빌딩 투자와 비교해도 배울 점이 많다. 소유는 2016년 연남동 꼬마빌딩을 15억 7000만 원에 샀다. 이 중에서 본인의 돈은 5억 7000만 원이며 나머지 10억 원은 대출로 마련했다. 소유는 2021년 4월 이 건물을 32억 원에 팔았다. 이렇게만 보면 소유는 5억 7000만 원을 투자해서 5년 만에 16억 원 정도를 번 것이다.

이 과정에는 많은 노력이 있었다. 소유가 투자한 건물은 연남동 핵심 상권에서 꽤 떨어진 곳에 있는 오래된 단독주택이었다. 소유는 단독주택을 2층으로 증축했고, 대대적으로 리모델링도 했다. 레스토랑과 카페까지 입주시켰다. 낡은 주택을 사들여 상가건물로 탈바꿈시킨 것. 덕분에 건물을 보유하는 동안 임대수익을 챙길 수 있었다. 그렇게 건물가치를 적극 끌어올린 후에 적절한 시기에 매도까지 마쳤다. 이것이 바로 부동산투자의 정석이다.

100만 원 미만일 때
비트코인 베팅

2000년대 전후 한국에는 스타크래프트 광풍이 불었다. e스포츠라는 개념이 처음으로 등장했다. 대기업들은 앞다퉈 스타크래프트 팀을 만들어 운영했고, 스타 게이머들이 등장하기 시작했다. 임요환, 홍진호는 그렇게 탄생했다. 한국이 게임 토너먼트 강국으로 급격하게 부상하자 외국인 선수들도 이 땅으로 왔다. 그중 한 명이 캐나다 출신 기욤 패트리다. 각종 대회에서 우승하며 기욤 역시 엄청난 인기를 얻었다. 하지만 괴물 같은 실력을 갖춘 한국 게이머들이 속속 등장하면서 기욤의 랭킹은 점점 내려갔고, 결국 2004년 은퇴를 선언했다. 기욤은 고국으로 돌아가지 않고 한국에 머물며 평범한 회사원으로 지냈다. 그러다 〈비정상회담〉이라는 방송에 출연했고, 이를 계기로 활발하게 방송 활동을 했다. 하지만 돌연 3년 동안 공백기를 가졌다. 그는 이 시기에 뭘 했을까. 기욤은 오랜만에 그의 친구들이 운영하는 유튜브 채널에 나와 근황을 알렸다. 이 채널에서 기욤은 그동안 자신이 어떻게 자산을 불렸는지 차근차근 설명했다.

기욤은 친구들에게 이렇게 말했다. "나는 비트코인 100만 원도 안 될 때 샀고, 아직도 갖고 있어." 처음에는 소액으로 이 자산에 투자했다가, 본격적으로 가상화폐를 공부했고 꽤 큰돈을 비트코인에 투입했다는 것이다. 중요한 건 저렴한 가격에 비트코인을 산 것이 아니라, 그 이후에 벌어진 엄청난 가격 변동성을 굳건하게 버티고 또 버텼다는 점이다.

기욤에게서 배울 교훈은 단순히 "비트코인을 샀어야 했는데!"가 아니다. 어떤 자산에 투자하든 쉽게 돈을 잃는 사람들의 원인은 초조함 때문이다. 빠르게 부자가 되고 싶다는 조바심에 잘못된 선택을 내리고 결국 돈을 잃는다. 반면 기욤은 어땠나. 그는 자신의 투자에 자신감이 있었고, 그랬기 때문에 세상이 비트코인을 사기라며 욕할 때도 묵묵하게 버텼다. 100배에 가까운 수익은 거저 올릴 수 없다.

경제적
자유가
목표라면

#노동소득
#자본소득
#파이어족은_희소한_노력을_한다

파이어족, 경제적 자유. 요즘 자주 등장하는 단어다. 파이어FIRE란 '경제적 자립Financial Independence'과 '조기 은퇴Retire Early'의 줄임 말이다. 이른 나이에 경제적 자유를 이루고 직장에서 은퇴하려는 사람을 파이어족이라고 부른다.

파이어라는 개념이 처음 등장한 건 1990년대 미국이다. 이후 본격적으로 파이어족이 주목받은 건 2008년부터다. 글로벌 금융위기로 전 세계 경제가 패닉에 빠졌다. 이 위기를 목격한 젊은 사람들은 언제든 자신이 발 딛고 있는 세상이 무너질 수 있음을 무섭게 체감했다. 그들은 하루라도 빨리 경제적인 자유를 이뤄야겠다고 다짐했다.

파이어 트렌드는 대한민국에도 상륙했다. 코로나 위기를 겪으며 재테크에 눈을 뜬 MZ세대는 월급만 받아서는 답이 없다는 냉혹한 사실을 받아들였다. '회사가 세상의 전부는 아냐'라는 생각은 코로나 이전부터 했겠지만, 이젠 회사 바깥 삶에 대해 진지하게 꿈을 꾸게 된 것이다.

파이어에 성공하는 사람은 극소수다. 험난한 길이다. 30대 후반 혹은 40대 초반에 경제적 자유를 이루고 은퇴하는 사람이 얼마나 되겠는가. 하지만 한번쯤 냉정하게 자신의 미래에 대해 따져봐야 한다. '나는 이대로 살아도 괜찮은가?' 이 질문은 꼭 파이어라는 꿈이 없어도 중요하다. 정년까지 꽉꽉 채워 수십 년을 일했는데도, 막상 은퇴 후에 경제적인 불안에 시달리는 사람이 얼마나 많은가. 그것은 얼마나 서글픈 일인가. 그렇기에 조기 은퇴까지 바라지 않더라도 적어도 파이어족의 경제관에 대해서는 공부할 필요가 있다.

절약은 기본

파이어족 사례를 소개하는 기사가 부쩍 늘었다. 기사에 등장하는 사람들은 자신이 어떻게 자산을 불렸는지 설명한다. 절약은 기본이다. 그들은 20대, 30대에 극단적으로 돈을 아낀다. 커피 한 잔 값도 허투루 여기지 않는다. 절약의 공식은 간단하다. 굳이 안 써도 되는 돈은 확실하게 안 쓰는 것이다. 회사 가려고 버스 타고 지하철 타는 비용은 어떤가. 이건 아낄 수가 없다. 무조건 사용해야 한다. 하지만 대중교통 타기 귀찮다고 택시 타는 건 의지에 따라 아낄 수 있는 지출이다. 출근길에 습관처럼 테이크아웃 하는 커피도 개인이 선택할 수 있는 지출이다.

누군가는 이런 절약을 보며 이렇게 말할 수도 있다. "티끌 모아 티끌 아닌가요?" 정말 그럴까. 하루에 커피를 두 잔 마시는 사람이 한 잔만 줄여도 4000원은 아낀다. 요즘엔 저가 커피도 많이 나왔으니 3000원이라고 치자. 한 달이면 반올림해서 10만 원이다. 1년이면 120만 원, 10년이면 1200만 원이다. 물론 여전히 이렇게 말할 수 있다. "에이, 그래도 커피 정도는 괜찮지 않아?" 물론, 괜찮다. 커피 한 잔 마신다고 가세가 기울진 않는다. 다만 여기서 말하는 건 파이어족이다. 남들보다 20년 이상 빠르게 은퇴하는 사람들은 매우 희소한 사람들이며, 그들은 희소한 노력을 한다. 대부분 사람이 "그 정도는 써도 돼, 괜찮아"라고 말하는 지출을 그들은 괜찮지 않게 여긴다.

자본소득에 대한 이해

문제는 절약은 단지 기본이라는 거다. 기본이 중요하긴 하지만, 기본만으로는 경제적 자유를 이루고 조기 은퇴할 수는 없다. 아무리 아끼고 아껴도 자본소득에 대한 이해가 없으면 불가능하다. 소득은 두 가지로 나뉜다. 노동소득과 자본소득이다. 노동소득은 나의 노동력과 시간을 투입해서 벌어들이는 돈이다. 직장에서 일하고 받는 월급이 대표적인 노동소득이다. 부업을 통한 소득도 내 노동력과 시간을 사용했기에 노동소득으로 봐야 한다.

노동소득은 매우 중요하지만, 한계가 있다. 왜냐면 이 소득은 언젠간 0이 되기 때문이다. 연봉을 5000만 원 받든 1억 원 받든 언젠가는 은퇴를 한다. 하지만 자본소득은 어떤가. 이 소득에는 정년이 없다. 대표적인 자본소득은 부동산과 주식이다. 이 자본을 들고 있으면 내가 일하지 않아도 꼬박꼬박 월세와 배당금이 들어온다.

파이어족이 되려면 노동소득으로 벌어들이는 돈을 절약해서 이 돈을 꾸준히 자본으로 교환해야 한다. 이 자본들은 내가 잠자는 사이에도 계속 일을 한다. 마치 손오공이 자신을 대신해서 적과 싸워줄 분신을 만들어내듯, 파이어족역시 본인이 쉬는 시간에도 열심히 일해줄 자본을 수집한다. 주식 한 주를 사더라도 '자본을 모은다'라는 마음을 갖고 매수하는 사람들은 부화뇌동하지 않고 오래 투자한다.

시간을 산다는 감각

세상에서 정말 흔한 것 중 하나가 바로 돈이다. 돈이 아예없는 사람은 없다. 많고 적을 뿐이지 누구나 돈은 있다. 하지만 시간은 어떤가. 물론 모두에게 하루 24시간이 공평하게 주어진다. 하지만 시간은 정말로 공평할까? 전혀 아니다. 누군가는 하루 대부분을 자신이 원하는 방식으로 사용한다.

반면 누군가는 오랜 시간 본인이 하고 싶지 않은 일을 해야한다. 이 둘에게 24시간의 의미는 전혀 다르다.

파이어족은 돈보다 시간의 가치를 상위에 두는 사람들이다. 그들은 시간을 사기 위해서 돈을 벌고 절약하고 투자한다. 기를 쓰고 남들보다 일찍 은퇴하려는 이유도 결국 시간 때문이다. 내 인생을 내 의지대로 통제하고 조율하며 살기 위해선 시간의 주인이 돼야 한다. 이런 자유를 얻기 위해서는 당연히 자본소득이 필요하다. 내가 일하지 않더라도 내 일상을 지탱해줄 자본이 있어야만 내 시간을 내가 원하는 방식으로 활용할 수 있다.

내가 하고 싶은 일을 하는 상상

우리가 일하는 가장 큰 목적은 돈이지만, 일로 얻을 수 있는 건 돈 외에도 더 있다. 성취감, 자아실현, 문제 해결 능력 향상, 타인과 연결돼 있다는 감각 등등. 그런데 많은 사람이 간과하는 게 하나 있다. 직장을 그만둔다고 해서 일을 안 할까? 아니다. 일은 직장 바깥에서도 할 수 있다. 실제로 파이어에 성공한 사람의 인터뷰를 읽어보면 "저는 이제 그냥 마음 놓고 놀 겁니다"라고 말하는 사람은 거의 없다. 오히려 그들은 회사에서 나오고, 자신이 정말로 하고 싶었던 일을 꽤 열심히 한다. 그 일로 벌어들이는 수입이 직장 다닐 때의 수입을 추월한 사람도 많다. 물론, 이미 자본소득을 갖춰놓고 하는 일이기 때문에 매우 절박하진 않다. 자신이 하고 싶었던 일을, 느긋한 마음으로 하는 것. 이것이 결국 파이어족이 꿈꾸는 미래다.

누구나 파이어가 될 필요는 없고, 될 수도 없다. 개인의 선택이다. 여러 형태의 삶 중 하나일 뿐이다. 다만, 조기 은퇴를 꿈꾸는 사람이 아닐지라도 자본소득의 중요함과 회사 바깥의 삶에 대해서는 한번쯤 고민해봐야 한다. 어차피 조기 은퇴를 하든 정년퇴직을 하든 우리는 언젠간 회사를 그만두기 때문이다.

퇴직연금,
제대로
알고 있나요?

#DB형
#DC형
#노후_준비는_필수_미션이다

한국 사람들은 일을 많이 한다. 한국의 노동시간은 OECD 국가 중 꽤 오랫동안 1위였다. 안타깝지만, 한국은 일을 많이 하는데도 노인 빈곤율이 OECD 국가 중 압도적 1위다. 2018년 기준 한국의 노인 빈곤율은 43%다. 10명 중 4명은 은퇴를 하고 노인이 되는 순간 빈곤과 싸워야 한다는 뜻이다. 오랜 시간을 일하느라 열심히 땀을 흘렸지만, 결과적으로 경제적 불안을 떠안아야 하는 삶. 상상만 해도 고달프다.

무엇이 문제일까. 간단하다. 일할 때는 어쨌든 소득이 있기 때문에 그럭저럭 삶을 유지할 수 있다. 하지만 늙고 몸이 약해지면 일을 못 한다. 그 이후부턴 젊고 건강했을 때 벌어놨던 돈으로 여생을 살아야 한다. 문제는 남은 수명에

자본주의 생존 공식

비해서 모아놓은 돈이 부족하다는 것이다.

왜 이런 비극이 일어날까. 선진국과 비교하면 한국의 금융 이해력은 처참한 수준이다. '열심히 일만 하면 된다'라는 생각이 꽤 오랫동안 사람들의 정신을 지배했다. 열심히 일하는 건 중요하지만, 이건 그냥 기본값이다. 일해서 번 돈으로 자본을 사들이고, 이 자본이 나를 위해 일을 하는 시스템을 갖추지 않으면 은퇴하는 순간 불안에 떨 수밖에 없다. 지금도 늦지 않았다. 할 수 있는 것부터 하면 된다. 연금부터 점검해봐야 한다.

퇴직연금의 종류

연금의 사전적 정의는 이렇다. '정규적인 소득이 더는 없을 때 개인에게 해마다 소득을 제공하는 돈.' 연금은 크게 세 가지로 나뉜다. 국민연금, 퇴직연금, 개인연금. 국민연금은 직장인이라면 의무로 가입해야 한다. 국민연금에 대해선 크게 신경 쓸 필요가 없다. 내가 매달 내는 돈을 국민연금공단에서 알아서 굴려주기 때문이다.

그럼 퇴직연금은 어떤가. 여기서부터가 문제다. 퇴직연금은 크게 DB형확정급여형과 DC형확정기여형으로 나뉜다. 한 금융사가 직장인을 대상으로 한 설문 조사에 따르면 퇴직연금 DB형, DC형의 차이를 모르는 사람이 대부분이다. 자신의 퇴직금이 어떻게 운용되는지 모른다는 뜻이다.

DB형은 근로자의 퇴직금을 회사가 굴리는 상품이며, DC형은 근로자가 직접 퇴직금을 운용하는 구조다. DB형과 DC형의 가장 큰 차이는 '원금보장' 여부다. 회사 차원에서는 최대한 보수적으로 퇴직금을 운영할 수밖에 없다. 그렇다 보니 DB형은 주로 원금보장형 상품에 투자한다. 누군가는 '원금보장이 되면 안전하고 좋은 거 아닌가요?'라고 생각할 수도 있다.

원금보장형 상품은 말 그대로 원금만을 보장할 뿐 적극적인 수익률을 추구하지는 않는다. 사실상 저금이나 마찬가지다. 재테크 관점에서 보면 저금은 어디까지나 '더하기' 수준이다. 우리가 재테크를 해야 하는 궁극적인 목적은 '더하기' 수준의 자산 증식을 위해서가 아니다. 의미 있는 자산 증식을 이루려면 '곱하기' 수준의 수익이 필요하다.

퇴직연금 받으며 여행하는 삶

DC형 퇴직연금은 근로자가 직접 자신의 퇴직금을 원하는 방식으로 굴릴 수 있다. 퇴직연금으로 개별 주식에는 직접 투자할 수 없다. 그 대신 펀드, ETF, 리츠 등에 투자하며 공격적인 수익을 추구할 수 있다.

이 제도를 가장 효율적으로 운영하는 국가는 미국이다. 미국 드라마나 영화를 보면 은퇴한 노부부가 연금을 받으며 유럽 여행을 즐기는 장면을 종종 볼 수 있다. 이들은 DC형 퇴직연금에 가입해 오랫동안 퇴직금을 펀드나 ETF에 넣어 놓고 은퇴 자금을 불린 사람들이다. 미국은 이 연금제도를 키우기 위해 DC형 퇴직연금에 대해 세금 혜택을 준다. 만약 중간에 퇴직연금을 해지하면 그동안 받은 세금 혜택을 모두 토해내고, 과태료까지 내야 한다. 이렇게 해서라도 근로자들이 퇴직연금을 통해 자본시장에 장기투자하도록 유도한다.

우리나라 역시 이미 제도는 갖춰져 있다. 일단 자신의 퇴직금이 어떻게 운용되는지부터 확인하자. 단언컨대, 내 퇴직금이 현재 어떻게 돌아가고 있는지도 모르는 사람이 대부분일 것이다.

근거 없는 낙관은 버리자

젊은 사람들은 은퇴 이후 삶에 대해 딱히 걱정을 안 할 수도 있다. 아직 먼 미래이기에 지금부터 신경 쓸 필요는 없다고 여길지도 모른다. '어떻게든 되겠지 뭐'라는 안일한 생각을 할 수도 있다. 하지만 근거 없는 낙관은 비관보다 나쁘다. 아무것도 하지 않으면 아무 일도 일어나지 않는다. 이토록 일을 많이 하는데, 끝내 나를 기다리는 것이 빈곤이 돼선 안 된다. 노후 준비라는 건 노후가 임박해서 하는 게 아니라, 바로 지금부터 시작해야 하는 필수 미션이다.

단 10분도
투자 못 하는 건
변명이다

#루틴
#레버리지
#잘되는_사람들을_관찰하라

1년 중 헬스장에 가장 많은 사람이 몰리는 시기는 1월 초다. 이때는 불금에도 헬스장에 사람들이 몰려온다. 나는 그 시기에 헬스장에 가지 않는다. 사람들로 북적거려 제대로 운동할 수가 없다. 이럴 땐 차라리 야외에서 조깅하는 편이 낫다. 조금만 기다리면 된다. 1월 중순만 돼도 헬스장 인구밀도는 확 감소한다. 2월로 넘어가면 헬스장은 평소 모습을 되찾는다.

많은 사람은 연초에 그럴듯한 계획을 짠다. '꾸준히 운동해야지', '한 달에 책을 한 권이라도 읽어야지', '외국어 공부를 해야지', '절약해야지'.

인간은 관성의 법칙에 지배당하는 동물이다. 1월 1일이 됐다고 해서 한순간 새사람이 될 리는 없다. 자신의 삶을 바꾸고 싶다면 계획을 세우는 것만으론 부족하다. 계획을 세웠다면 이 계획을 루틴으로 만드는 데 집중해야 한다. 루틴이란 무엇인가. 어떤 일을 할 때 그것의 의미를 따지지 않고 기계처럼 하는 경지를 말한다.

우리는 매일 밥을 먹고, 세수도 한다. 밥 먹고 세수할 때마다 매번 이것의 의미를 깊게 생각하는 사람은 별로 없다. 운동과 독서는 어떤가. 이것들은 감기 걸렸을 때 며칠 먹어야 하는 단기 처방 약이 아니다. 운동과 독서는 식사와 세수처럼 평생 하는 것이다. 우리의 삶을 풍요롭고 단단하게 하는 것들 대부분이 그렇다. 루틴으로 만들었을 때 의미가 있다.

계획을 루틴으로 바꾸는 건 쉽지 않다. 기계적인 습관의 경지에 도달하려면 삶의 태도와 생각의 틀 자체를 바꿔야 한다. 연초마다 똑같은 계획을 세우고, 똑같은 방식으로 실패하는 사람들을 위한 책 두 권을 소개한다.

팀 페리스의
『타이탄의 도구들』

이 책의 저자 팀 페리스는 세계에서 가장 인기가 많은 팟캐스트 진행자다. 그의 방송에는 다양한 분야에서 최고의 경지에 오른 유명인들이 나온다. 팀 페리스는 그들과 인터뷰를 하고, 같이 밥을 먹고, 여행을 하고, 때론 함께 운동도 한다. 이 과정을 통해 압도적인 성공을 거둔 사람이 가진 특별한 무기에 대해 탐구한다. 『타이탄의 도구들』에는 팀 페리스가 만난 수십 명의 거인이 우르르 등장한다. 그들은 저마다의 방식으로 성공했지만, 공통점이 있다. 그들의 삶은 견고한 루틴을 기반으로 돌아간다.

한 명 한 명의 이야기가 인상적이지만, 그중 매트 뮬렌웨그의 이야기는 오래 기억에 남는다. 매트는 '워드프레스 WordPress'라는 프로그램을 만든 개발자다. 전 세계 인터넷 웹사이트 30~40%가 이 프로그램을 기반으로 제작됐다. 매트에게는 특별한 습관이 하나 있다. 그는 여러 습관 중 이것을 가장 중요하게 생각한다. 매일 잠들기 직전에 팔굽혀펴기를 1회 하는 것이다. 10회도 아니고 단 1회다. 1~2초면 할 수 있는 일이다. 사실상 운동 효과도 미미하다. 그는 이렇게 말한다. "아무리 늦게까지 일을 했더라도, 또 세상이 아무리 어수선하더라도 팔굽혀펴기 한 번도 못 할 만큼 힘들기는 불가능하다. 목표와 계획을 세울 때 가장 중요한 것은 '변명의 여지를 없애는 것'이다."

매트에게 팔굽혀펴기 1회는 '아무리 힘들어도 내가 내 삶을 통제하고 있다는 감각'을 길러주는 일종의 의식이다. 그의 설명처럼 몸에 큰 문제가 생기지 않는 한 팔굽혀펴기 1회조차 못 한다는 건 변명이다.

분명히 '올해는 꾸준히 책을 읽어야지'라는 계획을 세운 사람이 있을 테다. 만약 욕심을 내지 않고 하루에 10분만 읽는다면 어떨까. 일주일이면 70분이다. 1년이면 3650분이다. 하루에 10분만 책을 읽어도 1년에 대략 60시간의 독서 시간을 확보하는 것이다. 아무리 바빠도 하루에 10분은 낼 수 있다. 전 세계에서 가장 성공한 개발자인 매트는 오늘 밤에도 팔굽혀펴기 1회를 할 것이다.

롭 무어의
『레버리지』

서울 아파트 평균 가격은 12억 원이 조금 넘는다. 이제 사회생활을 시작한 직장인이라면 12억 원이라는 돈 앞에서 막막함을 느낄 것이다. 누군가는 막연히 이런 계산을 한다. 1년에 1억 원을 벌면서 단 한 푼 쓰지 않아도 12년이나 모아야 서울의 평범한 아파트 한 채를 산다고. 이 가정조차 비현실적이다. 1년에 1억 원을 버는 사람이 어딘가엔 분명히 있겠지만, 중요한 건 그게 '나'는 아니라는 것이다. 또한 1억 원을 버는 사람이 한 푼도 안 쓰고 12년간 돈을 모으는 일도 불가능하다. 서울 평균 집값이 12억 원이 아니라 6억 원이라고 가정해보자. 그럼 집을 사는 게 쉬운가? 아니다. 6억 원이라는 돈 역시 연봉 5000만 원을 받으며 12년간 한 푼도 안쓰고 모아야 한다.

위와 같은 생각은 엉터리다. 저런 계산을 하며 '이번 생에 내 집은 없겠구나'라고 단념하면 평생 집을 못 산다. 집이란 과거에도 현재도 현금을 모아서 사는 자산이 아니다. 집은 레버리지를 통해 구매하는 것이다. 레버리지의 사전적 정의는 '타인의 자본을 지렛대처럼 이용하여 내가 가진 자본의 수익률을 극대화하는 것'이다. '타인의 자본'이란 은행의 돈일 수도 있고, 세입자의 보증금일 수도 있다. 혹은 둘 모두일 수도 있다. 8억 원짜리 집이 있는데 나는 3억 원밖에 없다고 가정해보자. 어떻게 이 집을 살 수 있을까? 만약 이 집의 전세 보증금이 5억 원이라면 그 돈을 주고 들어올 세입자를 구하면 된다. 8억 원짜리 집에서 누군가는 5억 원을 내고 세입자로 살며, 누군가는 3억 원을 내고 그 집을 소유한다. 집을 소유한 사람의 투자금이 더 적다. 이것이 레버리지의 힘이다. 집주인은 레버리지를 쓴 것이고, 세입자를 레버리지를 당한 것이다.

롭 무어의 『레버리지』는 우리 일상 곳곳에서 작동하는 레버리지에 대해 집요하게 파고든다. 레버리지란 집을 살 때만 필요한 공식이 아니다. 자본주의 사회에서 효율적으로 살기 위해선 레버리지를 이해해야 한다. 레버리지를 사용하지 않고 부자가 된 사람은 드물다. 예컨대, 많은 구독자를 거느리며 큰돈을 버는 유튜버들을 보자. 그들 가운데 본인이 직접 동영상을 촬영하고 편집까지 하는 사람은 거의 없다. 이런 업무는 그쪽 전문가에게 외주를 맡기고, 크리에이터는 콘텐츠 본질에 집중한다. 타인의 기술이나 역량을 레버리지로 삼은 것이다. 묵묵하게 오랜 시간 일하는 사람보다 레버리지를 적극적으로 이용하며 효율적으로 일하는 사람이 훗날 자유로운 삶을 얻을 확률이 높다. 레버리지 관점으로 세상을 바라보기 시작하면 점점 생각의 프레임 자체가 변한다. 계속 잘되는 사람들을 유심히 관찰해보자. 그들은 레버리지의 달인들이다.

정해진 미래

GUIDE 4

이미 도래한 세계를 확인하라:
이제 돈벼락은 '여기'에 친다

에르메스
가방만큼 빛나는
에르메스 주식

#명품열풍
#양적완화
#거시경제
#초양극화_시대는_분명한_미래다

코로나가 터지기 직전까지 우리나라 소비 트렌드는 '소확행'이었다. 소소하지만 확실한 행복을 보장하는 가성비 아이템이 잘나갔다. 많은 사람이 저가 항공사 티켓을 구매해 일본이나 동남아 휴양지를 제주도 드나들듯 다녔다. 코로나가 터지며 이런 소소한 행복은 일시 정지됐다.

그런데, 이상한 현상이 나타났다. 코로나 여파로 거의 모든 분야가 피해를 보는 와중에도 명품시장만큼은 그 어느 때보다 잘나갔다. 언론들은 때아닌 명품 열풍 원인에 대해 분석했다. '보복 소비'가 원인으로 지목됐다. 코로나로 쌓인 무력감을 보복적인 소비로 해소하려는 사람이 늘어났다는 분석이었다. 소소하고 자잘한 행복이 막히자 차라리 크고 확실한 소비를 통해 거대한 행복을 추구하는 사람이 늘었다는 설명이다.

누가 웃돈을 내고
중고 명품을 사는가

샤넬 가방, 롤렉스 시계 중 인기 상품은 중고 가격이 새 상품 가격보다 높다. 그래서 명품 매장 앞에 길게 줄을 선 사람 중 상당수는 리셀을 위해 그런 수고를 감수하는 중이다. 명품을 소비하고 향유하기보다는 가방이나 시계를 재테크 관점으로 접근하는 젊은 세대가 늘어났다는 것이다.

하지만 중요한 건 따로 있다. 리셀러가 많다는 건 그만큼 높은 프리미엄을 주고도 거뜬히 가방과 시계를 구매하는 사람도 많다는 뜻이다. 이 사람들은 도대체 누구인가. 누가 새 상품의 가격보다 훨씬 비싼 돈을 주고 시계와 가방을 사는가.

코로나 이전에 가장 큰 경제 위기는 2008년 발생한 글로벌 금융위기다. 미국에서 시작된 이 위기에 세계 경제가 초토화됐다. 한국도 마찬가지였다. 강남 아파트의 상징 은마 아파트 가격이 40% 급락했다. 처음으로 사람들은 미국이라는 나라가 망할 수도 있다고 생각했다. 미국이 망한다는 건 자본주의가 흔들린다는 뜻이다.

이 위기를 타개하기 위해 선진국들은 공격적으로 양적완화 정책을 펼쳤다. 양적완화란 국가가 시장에 돈을 푼다는 뜻이다. 10년 내내 전 세계는 어마어마한 돈을 시장에 풀며 고장 난 경제를 땜질했다. 결국 경제는 다시 회복됐다. 양적완화 정책을 축소해야 할 타이밍이 온 것이다. 그런데 이때 코로나라는 대위기가 터졌다. 전 세계는 다시 막대한 돈을 풀어야 했다. 그렇게 시장에 어마어마한 돈이 쏟아져 들어왔다.

경제로 읽는
명품 열풍

명품시장 열풍은 이러한 거시경제 흐름과 떼어놓고 설명하기 어렵다. 평범한 사람들은 시장에 얼마나 많은 돈이 풀렸는지 체감하기 어렵다. 하지만 언제나 위기 속에서 신흥 부자들이 탄생한다. 누군가는 시중에 풀린 풍부한 돈을 기민하게 활용해 빠르게 큰 부를 거머쥐었다. 최근 몇 년 사이에 부동산으로만 수십억 자산가가 된 사람들 대부분이 이런 기회를 붙잡은 사람들이다.

이런 경지에 오른 사람들은 역설적으로 현금이 더는 필요 없다. 현금을 쌓아둬봐야 현금 그 자체는 아무 일도 하지 않기 때문이다. 지금 1억 원을 창고에 넣어두고 10년 뒤에 꺼내도 1억 원이다. 물가 상승률을 따지면 오히려 손해다. 그래서 부자들은 현금으로 부동산, 주식, 코인을 산다. 현금이라는 자산을 다양한 형태의 자본 안에 저장하는 것이다. 명품도 이 역할을 한다. 수천만 원짜리 시계를 몇 개나 모은 사람들은 오직 시계에만 매달리는 게 아니다. 부동산, 주식, 코인을 사고도 현금이 남아서 롤렉스 시계를 현금 저장 수단으로 삼는 것이다.

이렇게 거창하게 거시경제 흐름 속에서 명품 열풍을 분석한 이유는 하나다. 이 열풍이 쉽게 꺼질 불장난 같은 현상이 아니라는 것이다. 양극화가 문제가 아니었던 적은 없지만, 앞으로는 이 빈부격차가 더 심하게 벌어질 것이다. 초양극화 시대는 분명한 미래다. 시중에는 어마어마한 돈이 풀렸고, 이 돈은 특정 계층에게 쏠렸다. 이들은 계속 소비를 해도 자산이 늘어나는 사람들이다. 더 이상 현금이 필요 없다. 그래서 아무리 비싸도 그림이나 명품을 사놓고 본다. 명품 업체들이 계속 가격을 올리는 이유가 있다. 명품은 '비싸도 사는 물건'이 아니라 '비싸기 때문에 사는 물건'이다.

명품에 투자해볼까

부자들 이야기만 계속하면 공허하다. 현실로 돌아와보자. 물론 명품 가방, 명품 시계, 명품 신발, 명품 지갑은 아름답다. 돈에 구애받지 않는 삶이라면 굳이 명품 옷을 입지 않을 이유가 없다. 하지만 그런 사람은 극소수다. 기념일마다 고가의 명품 가방을 지를 수 있는 사람이 얼마나 될까.

나는 개인적으로 명품 아이템을 소유하고 싶은 욕구가

별로 없다. 하지만 주식투자자로서 명품 브랜드에는 관심이 많다. 계절마다 나오는 신상품 컬렉션 룩북도 챙겨보는 편이고, 사람들이 어떤 브랜드에 열광하는지도 수시로 체크한다.

주식투자라는 건 결국 세상 사람들이 어떤 생각을 하고, 무슨 행동을 하며, 어디에서 즐거움을 얻는지 공부하는 과정이다. 앞으로 계속 성장할 산업을 찾아야 한다. 명품시장이 그런 곳이다. 그래서 명품 기업 주식은 명품 가방이나 시계만큼 매혹적이다. 루이비통모에헤네시LVMH는 루이비통을 보유한 세계 최대 명품 그룹이다. 이 기업의 주가는 오랜 시간 동안 꾸준히 상승했다. 에르메스 주가도 아름답다. 상장 이후 에르메스 주가는 20000% 이상 올랐다.

"나는 주식을
매입하는 것이 아니라
영원히 소유하고 싶은
기업을 매입하는 것이다."

워런 버핏

아이돌이
우리의 삶을
구원할 수도

#SM엔터
#BTS
#돈쭐
#K팝의_힘은_팬덤의_힘이다

2007년 뜨거운 여름이었다. 그해 나는 대학교 신입생이었다. 하지만 1학기만 다닌 후 휴학했다. 한 번만 더 수능을 보고 싶었다. 반수 생활을 시작했다. 난생처음 노량진이라는 동네에 갔다. 자취방, 독서실, 학원을 오가며 때론 컵밥으로 끼니를 해결했다. 친한 친구들 상당수는 대학교 첫 여름방학을 낭만적으로 보냈다. 누군가는 유럽으로 배낭여행을 떠났고, 누군가는 전국 일주를 떠났다. 나는 닭장 같은 독서실에 앉아서 수학 문제를 풀었다. 식당에서 음식 주문할 때 말고는 아무 말도 하지 않는 날도 많았다. 약간은 침울했다.

그 시기에 소녀시대가 데뷔했다. 소녀시대의 〈다시 만난 세계〉를 듣는 순간 청량음료를 마실 때처럼 갈증이 가시는 기분이 들었다. 고등학교 때도 잘 안 들었던 아이돌 음악에 빠져들었다. 희망과 응원의 메시지가 가득한 소녀시대 데뷔곡은 침울해진 노량진 반수생에게 분명히 어떤 구원이었다.

SM엔터에 투자한 소녀시대 팬

2011년 한 투자 커뮤니티에 SM엔터 주식 수익률 인증 글이 올라왔다. 꽤 오랜 시간이 지났지만, 이 게시물은 아직도 회자가 된다. 이 투자자 역시 나처럼 2007년 소녀시대 데뷔 무대를 보고 곧장 팬이 됐다. 그는 단순히 소녀시대 노래를 듣는 데서 만족하지 않았다. 앞으로도 소녀시대가 승승장구할 거라고 믿었다. 그리고 2008년 SM엔터 주식을 샀다. 그것도 아주 싸게 샀다.

2008년 경제 위기가 닥쳤다. 글로벌 금융위기라는 먹구름이 들이닥쳤다. 주가는 말 그대로 폭락했다. 당시 SM엔터 주가는 1000원 이하로 떨어졌다. 바로 그때 SM엔터 주식을 한 주에 920원 주고 2249만 원어치를 산 것이다. 그의 예상처럼 소녀시대는 화려한 무대를 선보이며 SM엔터를 먹여 살렸다. 이 투자자의 3년 수익률은 2791%였다. 2249만 원은 6억 5000만 원이 됐다.

K팝이라는
유니버스

BTS가 처음 빌보드 차트에 이름을 올렸을 때 한국 사람들은 국뽕에 취했다. 그러면서도 한편으론 얼떨떨해했다. 그런데 지금은 어떤가. BTS가 아리아나 그란데, 위켄드, 저스틴 비버, 두아 리파와 같은 블록버스터급 스타를 제치고 빌보드 차트 1위에 오르는 일은 이제 놀랍지 않다. BTS 자체가 블록버스터가 됐다. BTS뿐만이 아니다. 트와이스, 세븐틴, 블랙핑크도 빌보드 순위에 이름을 올린다. 말 그대로 '진격의 K팝'이다.

무엇이 K팝에 날개를 달아줬는가. BTS의 말에 힌트가 있다. 그들은 큰 무대에서 상을 받으면 항상 팬클럽 아미 ARMY를 챙긴다. BTS는 이렇게 말한다. "아미가 없었으면 우리도 없었을 겁니다."

K팝의 힘은 '팬덤의 힘' 그 자체다. 물론 아리아나 그란데, 위켄드 역시 팬이 있다. 하지만 전 세계에 퍼져 있는 미국 팝스타 팬들은 느슨하게 연결돼 있다. 반면 K팝 팬덤은 조직적이고 계획적이며 철두철미하다. 충성심도 강하다. 그래서 K팝 팬덤에는 경제적으로는 설명하기 어려운 무언가가 있다. 똑같은 앨범을 1개 이상 사는 일은 분명히 합리적인 소비가 아니다. 하지만 K팝 팬들은 기꺼이 지갑을 연다. 때론 '스밍총공음원 스트리밍 총공격'을 통해 좋아하는 가수의 음원 순위를 높이기도 한다.

아미처럼 거대해진 팬덤은 그 자체로 하나의 생태계다. 이 생태계 안에는 여러 갈래의 커뮤니티가 공존한다. 어떤 팬들은 BTS라는 이름을 내걸고 봉사 활동을 하고, 기부금을 모은다. 인종차별에 반대하는 사회운동을 펼치기도 한다. 이렇게 K팝 팬덤은 아이돌 그룹과 별개로도 영향력을 키우고 있다. 이런 팬덤의 힘이 모이고 모여서 오늘날 K팝 신화를 만들었다. 엔터테인먼트 회사들 역시 팬덤 생태계를 확장하기 위해 메타버스라는 가상공간을 활용하는 중이다.

주식투자도
덕질처럼

"최고의 덕질은 결국 현질"이라는 말이 있다. 좋아하는 대상에게는 때론 '돈쭐'을 내줄 필요가 있다. 음원을 구매하고, 음반을 사고, 굿즈를 사고, 콘서트 티켓을 사는 방식이다. 모두 좋다. 하지만 한번쯤 이 아이돌을 진짜로 소유해보는 경험은 어떨까. 바로 주식이다.

조금 차갑게 들리겠지만, 아이돌은 엔터테인먼트 회사의 상품이다. 그것도 아주 근사한 상품이다. 그래서 우리가 하이브의 지분을 조금이라도 보유하는 건 BTS를 보유하는 것과 같다. SM엔터 주식을 사는 건 NCT, 에스파라는 아이돌을 응원하는 동시에 그들을 보유하는 것이기도 하다. 소녀시대를 좋아해서 SM엔터에 투자해 구원을 얻은 사람의 사례를 다시 한번 곱씹어보자.

테슬라 주식
사도 되냐고?
자율주행의
미래를 보라

#일론머스크
#캐시우드
#데이터
#투자는_개인의_선택이다

한 매체로부터 전기차와 관련한 원고를 청탁받은 적이 있다. 사실상 테슬라라는 기업에 관해서 써달라는 요청이었다. 당시 이 원고의 제목은 "지금이라도 테슬라 주식 살까?"였다. 원고가 발행된 날짜는 2020년 8월 17일이다. 그해 1월 1일부터 원고가 발행된 8월 17일까지 테슬라 주가는 무려 4배 가까이 오른 상태였다. 거품 붕괴론이 퍼지기 시작했다. '지금 테슬라에 들어갔다가 물리는 거 아닌가요?'라는 공포감 때문에 많은 사람은 투자를 주저했다. 그런데 만약 저 원고가 발행된 날에라도 테슬라에 투자해서 지금까지(2022년 1월 9일) 보유하고 있었다면 수익률은 100%가 넘는다.

머스크는
테슬라 상장폐지를 고려했다

테슬라는 스토리가 풍성한 기업이다. 새로운 시도를 하는 기업은 언제나 공격당하고 의심받기 일쑤다. 심지어 테슬라를 세운 일론 머스크마저도 2018년 잘못된 결정을 내릴 뻔했다. 그는 공매도 세력의 공격에 지친 나머지, 테슬라를 상장폐지 하겠다고 선언했다. 물론 이 발언이 진심인지 아닌지는 여전히 알 수 없다.

이때 머스크를 뜯어말린 투자자가 있었다. 그는 아크 인베스트라는 투자사를 이끄는 캐시우드다. 국내 투자자들에게도 유명한 바로 그 캐시우드다. 그는 머스크에게 서한을 보냈다. "어차피 전기차, 자율차 시장은 성장할 분야입니다. 상장폐지는 안 됩니다"라며 머스크를 설득했다. 캐시우드의 전망은 현실이 됐다. 머스크는 테슬라 주가 상승으로 아마존 창업자 제프 베이조스를 제치고 세계 1위 부자 자리를 차지했다. 또한 테슬라에 베팅해 막대한 수익률을 기록한 캐시우드 역시 전 세계에서 가장 주목받는 투자자가 됐다.

전기차라는
확실한 미래

전기차는 국가에서 보조금까지 주면서 구매를 장려하는 상품이다. 잘 떠올려보면 국가나 기업이 이렇게 보조금까지 지원하면서 보급 확산에 주력했던 상품이 하나 있었다. 바로 핸드폰이다. 2000년대 초에 핸드폰 보급이 급격하게 확산했는데, 이동 통신사들이 앞다퉈 단말기 보조금을 지원해준 영향이 컸다. 정부 역시 이런 과열 경쟁을 눈감아주며 핸드폰 보급 확산을 도왔다. 결국 한국에는 빠르게 모바일 기기가 퍼졌고, 덕분에 이동통신 분야 강국이 됐다.

보조금까지 얹어주면서 정부가 국민에게 추천하는 전기차 역시 미래에 핸드폰만큼이나 보편적인 상품이 될 것이다. 환경오염 문제를 따져봤을 때 전기차 확산은 이미 정해진 미래다. 20년 후에 가솔린, 디젤 차는 길에서 찾아보기 힘들 수도 있다.

핵심은
자율주행 기술

자율주행 기술은 개척할 분야가 많이 남은 시장이다. 자율주행은 총 5단계 레벨로 나뉜다. 현재 우리가 이용할 수 있는 자율주행 단계는 레벨2에 불과하다. 아직 자율주행 기술은 불완전하다. 인간의 운전을 보조하는 수단에 머물러 있다. 하지만 레벨5 단계에 올라가면 인간의 개입은 전혀 필요하지 않다. 오히려 인간이 운전하는 게 불법인 시대가 된다. 자동차엔 핸들도, 페달도 필요 없다. 운전자는 차에 올라타서 목적지만 설정하면 된다.

물론 레벨5까지 도달하기 위해선 아직 넘어야 할 산이 많다. 완벽한 자율주행 기술을 구현하려면 방대한 데이터가 필요하다. 도로 위에서 일어날 수 있는 모든 변수를 데이터화하고, 이 데이터를 실시간 활용해야 한다. 바로 이 데이터를 압도적으로 많이 쌓은 기업이 테슬라다. 테슬라는 고객들의 주행 데이터를 오래전부터 수집해왔다. 이를 두고 사생활 침해라는 논란도 있긴 하지만, 분명한 건 테슬라는 지금 이 순간에도 고객들의 운전 패턴을 수집하는 중이다.

도요타, 폭스바겐, 제너럴모터스, 혼다, 현대차, 포드, 피아트크라이슬러, 닛산, 푸조 등 거의 모든 자동차 기업이 전기차 시장에 뛰어들었다. 많은 사람은 이런 기업이 곧 테슬라를 따라잡을 수 있으리라 생각한다. 역사가 100년이나 넘은 기업들이 쌓은 자동차 제조 노하우는 무시할 수 없다. 하지만 어디까지나 하드웨어만 따졌을 때다. 자율주행 시대가 본격적으로 시작되면 자동차는 하드웨어보다는 자율주행이라는 소프트웨어가 더 중요해진다. 기존 자동차 기업들도 이런 현실을 잘 알고 있다. 그래서 방대한 데이터를 보유한 구글, MS와 전략적 제휴를 맺는 중이다. 여기에 애플이라는 거대한 공룡조차 자율차 시장에 뛰어들 채비를 하고 있다.

그렇다면 이쯤에서 질문을 다시 한번 해볼 수 있다. "지금이라도 테슬라 주식 살까?" 투자는 개인의 선택이다. 누가 어떤 종목이 좋다고 해서 공부 없이 무조건 그 종목을 사는 건 투자가 아니라 도박이다. 테슬라 주식을 살까 말까 고민된다면, 앞으로 전기차, 자율차 시장이 얼마나 발전할지 공부해야 한다. 그리고 이 시장에서 테슬라가 다른 자동차 기업과 비교해 어떤 강점이 있는지 분석해봐야 한다. 그러면 답이 나올 것이다.

우주에
투자해서
돈을 번다고?

#억만장자
#ARKX
#우주_개발_전쟁이_시작됐다

1969년은 인류에게 중요한 해다. 아폴로 11호가 달에 갔다. 닐 암스트롱이 인류 최초로 달에 발자국을 찍었다. 전 세계 10억 명이 이 경이로운 장면을 생중계로 지켜봤다. 영국 BBC 방송은 아폴로 11호의 달 탐사를 중계하며 배경음악으로 신인 가수의 곡을 깔았다. 이 가수는 BBC 덕분에 일약 스타가 됐다. 노래 제목은 〈Space oddity〉였다. 데이비드 보위라는 전설은 그렇게 시작됐다. 보위는 자신의 정체성을 몇 번이나 바꾼 카멜레온 같은 스타였다. '부캐'의 원조가 보위다. 보위의 다양한 '부캐' 중 대중에게 가장 선명하게 각인된 캐릭터는 화성인이다. 그는 자기 자신을 화성에서 온 외계인이라고 소개했다. 그리고 우주에 관한 노래를 많이 불렀다. 2016년 보위가 갑작스럽게 세상을 떠났을 때, 전 세계 팬들은 보위가 "우주로 돌아갔다"라고 말했다.

2018년 일론 머스크는 본인이 세운 우주 기업 스페이스X를 통해서 대형 로켓 '팔콘9'을 우주로 쏘아 올렸다. 머스크는 이벤트를 준비했다. 이 로켓에 테슬라 초기 모델 전기차를 함께 실었다. 이 차에는 '스타맨Starman'이라는 이름을 가진 우주인 마네킹이 타고 있다. 〈Starman〉은 보위의 대표곡 중 하나다. 또한 차의 오디오에서는 보위의 곡 〈Space oddity〉가 무한 재생으로 흐른다. 로켓에서 분리된 테슬라 전기차는 지금 이 순간에도 보위의 음악과 함께 우주에서 여행을 하는 중이다. 머스크가 쏘아 올린 이 로켓은 상징적이다. 우주개발은 정부의 영역이었다. 민간기업은 섣불리 이 영역에 진출하지 못했다. 하지만 머스크는 기어코 주사위를 던졌다. 우주개발 시대가 열렸다.

억만장자들의 '스타워즈'

2021년 초 제프 베이조스가 깜짝 발표를 했다. 그는 아마존

CEO 자리에서 물러나겠다고 밝혔다. 제프 베이조스가 사퇴 의사를 밝힌 이날은 아마존이 사상 최대 실적을 발표한 날이다. 가장 빛나는 순간에 최고의 자리에서 내려오겠다고 선언한 것이다. 그는 자신의 다음 계획을 밝혔다. 본인은 언제나 우주개발에 대한 열정이 있었고, 이제는 그 꿈을 위해 달릴 때라고 말했다. 그는 본인이 세운 우주 기업 블루오리진을 통해 새 도전에 나서겠다고 했다. 아마존을 거대한 제국으로 만든 이 황제는 이제 우주로 눈을 돌렸다.

일론 머스크 역시 스페이스X를 통해 우주개발에 막대한 투자를 하고 있다. 스페이스X는 민간기업 최초로 유인 우주선을 성공적으로 발사했다. 우주개발에 뛰어든 천재는 또 있다. 버진 그룹 회장 리처드 브랜슨은 2004년 버진갤럭틱이라는 우주 기업을 만들었다. 브랜슨은 직접 우주선을 타고 지구 바깥에 다녀왔다. 그의 나이는 71세였다. 이에 질세라 제프 베이조스도 며칠 뒤 우주선에 몸을 실었다. 그 역시 우주여행에 성공했다. 일반인들의 시선으로 볼 때 우주개발은 아직 피부에 잘 와닿지 않을 수도 있다. 하지만 이미 억만장자 기업인들은 우주에서 확실한 기회를 봤고, 그 기회를 선점하기 위해 전쟁을 하는 중이다.

우주개발이
지구에 미치는 영향

우주 기업들의 최종 목표는 뭘까? 일단 그들은 민간인에게 우주여행 티켓을 팔아서 수익을 올릴 것이다. 이미 버진갤럭틱은 5억 원이라는 가격에 우주여행 티켓을 팔고 있다. 전 세계 어딘가에는 잠시나마 지구를 떠나는 경험을 위해 5억원을 낼 수 있는 사람이 분명히 있다. 꽤 많다. 아마 데이비드 보위가 살아 있었다면 그 역시 우주선에 몸을 실었으리라 확신한다. 그가 우주에 가지 않으면 누가 가겠는가.

우주 기업들의 최종 목표는 거창하다. 이 억만장자들은 인간이 언젠간 화성에 이주해야 한다고 말한다. 과학계에서는 이것이 가능한 얘기인지, 불가능한 공상에 가까운지 여전히 논쟁 중이다. 하지만 만약 가능하다고 하더라도 인간이 화성에 이주하기까지는 많은 시행착오와 시간이 필요할 테다.

막연한 화성 이주 이슈보다는 조금 더 현실적인 얘기를 해보자. 우주개발은 지구에 사는 사람들 삶에도 영향을 끼친다. 우주개발에 따른 수혜 기업 중 한 곳이 넷플릭스다. 왜 넷플릭스가 우주산업 수혜 종목일까?

우리는 언제 어디서든 모바일 기기로 넷플릭스를 즐길 수 있지만, 전 세계에는 그렇지 않은 나라가 훨씬 많다. 아프리카처럼 통신 인프라가 열악한 곳을 상상하면 된다. 우주개발 카테고리 중 하나가 초고속 인터넷 서비스를 제공하는 인공위성 확충이다. 이 인프라가 촘촘해지면 전 세계 구석구석에 빈틈없이 인터넷이 보급된다. 넷플릭스와 같은 다국적 스트리밍 기업에게는 호재다. 우주개발은 단순히 우주만이 아니라 이 지구에도 많은 영향을 끼친다. 억만장자들이 괜히 우주에 천문학적인 투자를 하는 게 아니다.

우주에 투자하는 방법

누군가는 억만장자들의 우주개발 전쟁을 보면서 그냥 "우와" 하며 감탄만 할 수도 있고, 누군가는 여기에서 돈을 벌 기회를 보기도 한다. 주식투자는 그래서 매력적이다. 기업들의 성취를 함께 누릴 수 있기 때문이다. 버진갤럭틱, 스페이스X, 블루오리진 중 우리가 직접투자할 수 있는 기업은 버진갤럭틱뿐이다. 나머지 두 기업은 아직 증시에 상장하지 않았다.

　향후에 어떤 기업이 주도권을 잡을지는 예측하기 어렵다. 저 세 개의 기업 말고 다른 기업이 우주 패권을 잡을 수도 있다. 이럴 땐 테마형 ETF 상품 투자가 유리하다. 우주산업과 관련된 기업만을 모아 투자하는 상품이 있다. ARKX라는 ETF다. 이 상품은 전 세계 항공우주 기업에 골고루 투자한다. 물론, 이런 상품을 메인 자산으로 가져가는 건 좀 위험하다. 그 대신 자신의 투자자산 10% 이내로만 씨앗을 심듯 조금씩 투자하는 것은 충분히 의미가 있다. 우주개발은 확실한 미래다. 우주로 향한 방아쇠는 당겨졌다.

"당신이 포기할 때
나는 시작한다."

일론 머스크(Elon Musk, 1971~)
미국 전기차 업체 테슬라의 CEO, 투자자

메타버스가
왜 중요하죠?

#싸이월드
#부캐
#여섯_시에_제페토에서_만나자

시가총액 기준으로 미국 반도체 기업 중 1등은 엔비디아다. 2021년 4월 엔비디아 CEO 젠슨 황은 비대면으로 신기술을 발표하는 콘퍼런스를 열었다. 그는 열정적으로 엔비디아의 청사진에 대해 설명했다. 이 콘퍼런스에서 뭔가 이상한 점을 발견하긴 어려웠다.

몇 달 후, 엔비디아는 재밌는 발표를 했다. 4월에 열린 콘퍼런스 동영상에 등장한 젠슨 황이 가짜였다는 것. 메타버스 기술을 활용해 가상 세계에서 젠슨 황을 완벽하게 구현한 것이다. 젠슨 황과 배경 모두 진짜 같은 가짜였다. 세상이 감쪽같이 속았다. 엔비디아는 이 이벤트를 통해 자신들이 메타버스 분야에서 얼마나 뛰어난 기술력을 보유한 기업인지 자랑했다.

실제로 엔비디아는 메타버스가 차세대 인터넷이 되리라 확신하며, 이 분야에서 주도권을 잡으려 천문학적 투자를 하고 있다. 엔비디아뿐만이 아니다. 전 세계 수많은 기업은 메타버스 앞에서 마치 인터넷이 처음 등장했을 때처럼 흥분하고 있다. 도대체 왜 세계는 메타버스에 열광하는가.

메타버스, 싸이월드와 뭐가 다르죠?

메타버스란 초월을 뜻하는 '메타Meta'와 현실 세계를 의미하는 '유니버스Universe'의 합성어다. 기존에 존재하던 '가상현실'에서 한 발자국 더 나아간 개념을 메타버스라고 말한다. 예컨대, 영상 회의 플랫폼인 '줌'은 메타버스인가? 엄밀히 따지면 아니다. 어디까지나 '내 얼굴'을 들이밀고 타인과 소통하기 때문이다. 줌은 현실에 뿌리를 둔 서비스다.

메타버스의 핵심은 아바타다. 가상현실 속에서 우리는

아바타를 활용해 '부캐'를 키울 수 있다. 우리는 이미 2000년 대 초반 이런 서비스를 활발하게 이용한 적이 있다. 바로 싸이월드다. 싸이월드는 미니홈피라는 가상 공간을 기반으로 한 커뮤니티 서비스였다. 미니홈피는 디지털 세계 속 나의 집이었다. 가구를 사고, 벽지도 사고, 장식품도 사서 집을 꾸밀 수 있었다. 내 집에 놀러 오는 사람들을 위해 음악도 틀었다. 당연히 나를 대변하는 아바타도 있다. '도토리'라는 화폐도 있었다.

싸이월드는 메타버스인가? 맞다. 싸이월드는 낮은 단계의 메타버스 서비스였다. 단, 이 세계에서 할 수 있는 일은 제한적이었다. 타인과 소통을 하는 친목 기능이 전부였다. 요즘에 뜨는 메타버스는 싸이월드와 뭐가 다를까.

제페토에
들어가봤다

백문이 불여일견. 메타버스를 이해하고 싶다면 그 세계로 직접 뛰어들어 보는 것이 좋다. 로블록스와 함께 전 세계에서 인기가 많은 메타버스 플랫폼은 제페토다. 가입자만 2억 명 이상이다. 최근 메타버스를 공부할 겸 제페토에 가입했다. 헤어스타일, 얼굴 생김새 등을 설정할 수 있다. 나름 고민해서 나의 분신을 만들었다. 그런데 옷이 문제였다. 그럴듯한 옷을 갖춰 입으려면 '현질'을 해야 했다. 처음부터 돈을 쓰는 건 무리다. 일단 기본으로 제공하는 흰색 무지티를 아바타에 입혔다. 그렇게 제페토 세계에 접속했다. 이 드넓은 세계를 걸었다. 걷고 또 걸었다.

이 공간에서 도대체 나는 뭘 해야 할까. 행색이 초라해서인지 다른 유저들에게 말을 걸어도 대답이 돌아오지 않았다. 이 사람 저 사람에게 "저기요……"라고 말을 걸었다. 어떤 아바타가 대응을 해줬다. 따뜻한 마음이 느껴졌다. 나는 그 사람에게 "도대체 여기서 뭘 해야 하나요?"라고 물었다. 그러자 그 아바타는 "하긴 뭘 해?"라고 반말로 대답했다. 이런저런 이야기를 주고받다가 나는 "몇 살이시죠?"라고 물어봤다. 꼰대 같은 질문이었다. 가상 세계에서 나이를 묻다니. 그러자 상대는 "열한 살"이라고 답했다. 나는 조용히 메타버스 세계에서 로그아웃 했다.

메타버스 세계 안에서
뭘 하지?

나는 MZ세대라는 용어가 부당하다고 생각한다. 88년도에 태어난 나 역시 굳이 따지면 MZ세대다. MZ세대는 통상 1980~2004년 사이에 태어난 사람들을 통틀어 말한다. 80년대 후반에 태어난 나와 2004년에 태어난 사람이 과연 같은 세대로 묶이는 게 맞을까. 현재 메타버스를 활발하게 이용하는 유저들은 MZ세대 중에서도 Z세대다. 제페토 역시 전체 이용자 80% 정도가 10대다.

도대체 이 어린 친구들은 광활한 디지털 세계에서 무엇을 하는 걸까? 어쩌면 이 질문 자체가 잘못된 것일 수도 있다. 그들은 뭔가를 하기 위해서 메타버스에 접속하는 게 아니다. 메타버스 세계에 들어와서 '뭘 할지' 찾는 거다. 그들에게는 이 가상 세계가 현실이나 다름없다는 뜻이다. 여기에서 친구들을 만나고, 노래도 부르고, 공부도 하고, 영화도 보고, 쇼핑도 한다. 하나의 세계다. 2000년 이후 태어난 세대에게 스마트폰은 신기술이 아니라 처음부터 주어진 기본 인프라다. 디지털 세계에 대한 위화감 따위는 처음부터 없다. 나는 유년 시절에 친구에게 "여섯 시에 놀이터에서 만나자"라고 말했지만, 이젠 "여섯 시에 제페토에서 만나자"라고 말하는 시대가 된 것이다.

피할 수 없는 미래

전 세계 기업들이 조금 호들갑처럼 느껴질 정도로 메타버스에 열광하는 이유도 여기에 있다. 현실의 거의 모든 비즈니스가 메타버스 안에서도 가능하기 때문이다. 이미 꽤 많은 것이 실현됐다. 제페토 안에는 명품 업체가 입점했다. 이 안에서 구찌, 루이비통, 버버리 옷을 사서 아바타에 입히는 유저들이 있다. 어떤 기업은 제페토 안에 신입사원 연수원을 짓고 실제로 활용할 계획도 세우고 있다. 이 밖에도 메타버스 활용 방안은 우리의 상상력을 뛰어넘는다. 하나의 우주가 탄생한 것이며, 당연히 우주에는 한계가 없다.

아직 메타버스가 낯설고, 의심스러울 수도 있다. 가상현실보다는 내가 발을 딛고 서 있는 현실의 땅이 더 소중하니까. 하지만 이런 메가트렌드는 선택의 문제가 아니다. 스마트폰이 처음 나왔을 때 어떤 사람들은 "나는 그래도 2G폰을 쓰겠다"라며 버텼다. 하지만 지금은 어떤가. 2G폰은 완벽하게 사라졌다. 전기차가 싫어서 가솔린차를 산 사람도 마찬가지일 것이다. 어차피 미래엔 가솔린차 생산 자체가 중단된다. 언젠간 우리는 좋든 싫든 메타버스 세계에 자주 접속해야 할 수도 있다. 미리미리 이 새로운 세상과 친해져보는 것도 나쁘지 않은 선택이다.

어떤 나라에서는
비트코인이
생명줄이다

#탈중앙화
#아프가니스탄
#법정화폐
#이_순간에도_누군가는_비트코인을_모은다

비트코인에 관한 담론은 거대하고 복잡해서 무엇부터 말해야 할지 막막할 때가 있다. 그중에서도 우리가 중요하게 생각해볼 지점이 있다. 강력한 두 나라가 비트코인을 증오한다는 사실이다. 이 두 나라는 미국과 중국이다. 미국 금융당국은 틈만 나면 비트코인을 때린다. 비트코인 거래를 규제하겠다며 엄포를 놓는다. 중국 역시 마찬가지다. 중국은 아예 비트코인 채굴 자체를 불법으로 낙인찍었고 단속에 나섰다.

미국, 중국뿐만 아니라 선진국 정부 대부분이 비트코인을 싫어한다. 왜 그럴까. 국가가 보유한 가장 큰 권력이 바로 화폐이기 때문이다. 미국은 사실상 달러를 찍어내며 전 세계를 지배하는 나라다. 미국이 금리를 올리느냐, 내리느냐에 따라서 세계 경제가 휘청거린다. 미국이 기침하면 한국은 폐렴에 걸리는 구조다. 중국 역시 위안화의 위상을 높이기 위한 정책을 펼치며, 달러 패권에 도전하는 중이다. 그런데 갑자기 비트코인이라는 녀석이 끼어든 것이다.

통제받지 않는 자산 비트코인

비트코인의 특징을 한 단어로 표현하면 '탈중앙화'다. 쉬운 예를 들어보겠다. 우리가 현재 사용하는 돈은 국가에서 발행한다. 이 돈을 지방에 있는 부모님에게 송금하려면 은행 전산망을 거쳐야 한다. 우리가 사용하는 지폐는 국가와 금융기관으로부터 자유롭지 않다. 하지만 비트코인은 다르다. A라는 사람과 B라는 사람이 비트코인을 거래할 때 두 사람 사이에는 아무런 중재자가 없다. 국경도, 환율도 문제가 되지 않는다. 우리는 지금 당장 아프리카 어딘가에 있는 사람에게도 비트코인을 보낼 수 있다.

당연히 화폐로 통제 권력을 쥔 국가 입장에서 비트코인

은 골칫거리다. 비트코인은 자신들이 제어하기 어려운 유령과 같기 때문이다. 만약 미국과 중국이 비트코인의 숨통을 아예 끊는 게 가능했다면 이미 그렇게 했을 것이다. 그러나 두 나라 모두 그러지 못했다. 비트코인을 없애는 건 사실상 포기했다는 뜻이다.

안타까운 건, 우리나라에서 비트코인을 다루는 방식은 한쪽으로만 치우쳐 있다. 대다수 사람은 오직 이 자산의 가격에만 관심을 둔다. 투자 혹은 투기의 대상으로만 비트코인을 대한다. 비트코인에 관한 기사를 봐도 가격에 관한 이야기가 대부분이다. 비트코인이라는 새로운 현상에 왜 전 세계가 들썩거리는지에 대해서 한번쯤 심사숙고하는 시간도 필요하다.

탈레반
그리고 비트코인

우울한 가정을 해보자. 당신의 조국이 갑자기 망한다면 어떤 일이 벌어질까. 세계의 한 지역에서는 실제로 그런 일이 일어나고 있다. 아프가니스탄 이야기다. 탈레반이 아프가니스탄을 완전히 점령하기 전에 이 나라 국민은 은행으로 달려갔다. 탈레반이 국가를 점령하면 은행에 맡겨둔 돈을 찾기 어려울 거라는 공포감 때문이었다. 실제로 고객에게 돈을 돌려주지 못하는 은행이 속출했다. 그나마 운 좋게 돈을 인출해도 이 돈은 어디까지나 아프가니스탄 화폐다. 이 돈을 들고 다른 나라로 탈출해봐야, 외국에서 할 수 있는 일은 거의 없다. 실제로 탈레반이 점령한 이후 아프가니스탄 화폐의 가치는 폭락했다.

이런 상황에서 미국 경제 전문매체 CNBC는 아프가니스탄과 비트코인에 관한 꽤 심도 있는 기획 기사를 썼다. 기사에 따르면 아프가니스탄의 젊은 사람들 사이에서 비트코인이 구원자로 떠오르는 중이다. 국가가 발행하는 통화의 신뢰가 바닥을 치면서, 새로운 자산인 비트코인에 눈을 돌리는 아프가니스탄 국민이 늘어나고 있다. CNBC는 가족을 아프가니스탄 바깥으로 탈출시키기 위해 비트코인을 사용하는 청년의 사례를 소개하며 이 아수라장 속에서 암호화폐가 어떤 역할을 하는지 자세하게 보도했다. 아프가니스탄처럼 아비규환에 빠진 나라에서는 추적 불가능하고 전 세계 어느 곳에서도 통하는 비트코인이 동아줄 역할을 하는 것이다.

비트코인이
탄생한 이유

비트코인이 탄생한 근본적인 이유에 대해서도 주목해봐야 한다. 아프가니스탄처럼 금융시스템이 정상적으로 작동하지 않는 나라에 사는 사람들은 어디에 자산을 저장해둬야 할까. 은행도 믿을 수가 없고, 국가도 믿을 수가 없다. 그리고 이런 나라는 아프가니스탄이 아니더라도 전 세계에 수두룩하다.

우리나라처럼 금융 인프라가 튼튼한 곳에서는 비트코인이 필요 없을지도 모른다. 하지만 모든 나라가 한국처럼 선진적인 금융시스템을 갖춘 건 아니다. 예컨대, 최근 비트코인을 국가 법정화폐로 채택한 엘살바도르를 보자. 이 나라는 국민의 70%가 은행 계좌조차 없을 정도로 인프라가 취약한 곳이다. 엘살바도르가 비트코인을 채택한 이유는 취약 계층에게 금융 서비스 장벽을 확 낮추기 위해서다.

세상은 단 한 번도 완벽하게 이상적이었던 적이 없었고, 앞으로도 유토피아가 될 확률은 희박하다. 비트코인이라는 현상은 이런 지점에서 생각을 해봐야 한다. 지금, 이 순간에도 지구 어딘가에서 누군가는 비트코인을 모은다. 그들에게 비트코인은 단순한 투기의 대상이 아니라, 자신과 가족을 살리기 위한 수단일 수도 있다.

"군중들의 의견을
꿰뚫어 보고, 현재의 진실이
무엇인지 찾아낼 수 있는
능력이 있다면, 주식투자 분야에서
엄청난 성과를 거둘 수
있을 것이다."

필립 피셔(Philip Fisher, 1907~2004)
'워런 버핏의 스승'으로 불리는 성장주 투자의 창시자

OTT 시장이
레드오션이라고?
이제 시작일 뿐

#넷플릭스
#디즈니플러스
#애플TV
#OTT_산업은_계속_확장_중이다

코로나가 터진 직후, 이 감염병 사태가 이 정도로 길어질지 예상한 사람은 별로 없었을 것이다. 코로나 이전부터 '이불 밖은 위험해'라는 출처를 알 수 없는 유행어가 있었는데, 정말로 그런 시대가 왔다. 사람들은 가능하면 집 바깥으로 나가지 않았다. 그 대신 집에서 휴식을 취하고, 집에서 일하고, 집에서 취미 생활을 즐겼다.

덕분에 급성장한 산업이 OTT다. 현재 우리나라의 넷플릭스 월간 활성이용자 수MAU는 매달 조금씩 차이가 있지만 대략 800만 명에 달한다. 초창기 성장세에 비하면 최근 이용자 수 증가세가 다소 주춤하지만, 한국 진출 4년 만에 이룬 성과치고는 놀랍다.

그동안 넷플릭스는 오리지널 콘텐츠의 퀄리티가 다소 낮았던 점이 약점으로 지목됐었다. 하지만 이젠 이 단점마저 극복하는 중이다. 호평받는 오리지널 콘텐츠가 속속 등장하고 있다. 할리우드 유명 감독들 역시 넷플릭스 손을 잡고 영화를 만든다. 서비스 초창기만 해도 전 세계 영화계는 똘똘 뭉쳐 넷플릭스 작품을 보이콧했다. 각종 시상식에서 넷플릭스 영화는 외면당했다. 하지만 대세는 거스를 수 없는 법이다. 이젠 아카데미 시상식에도 넷플릭스 작품이 노미네이트된다. 조만간 넷플릭스 영화가 세계 최고의 영화제에서 트로피를 휩쓸 수도 있다. 상황은 역전됐다.

OTT 시장은 레드오션일까?

다만, 투자자 관점에서 보면 지금이라도 OTT 기업 주식에 투자하는 것이 옳은 선택인지 머뭇거리게 된다. 누군가는 벌써 이 시장이 레드오션이라고 말한다. 넷플릭스가 선점한 시장에 어마어마한 기업이 뛰어들고 있기 때문이다. 가장 무서운 기업은 당연히 디즈니다. 디즈니가 내놓은 스트리밍 서비스 '디즈니플러스'는 가입자를 1억 명 이상 확보했다. 디즈니가 보유한 압도적인 콘텐츠를 고려하면 넷플릭스는 긴장을 안 할 수 없다.

디즈니만 뛰어든 게 아니다. 아마존, 애플, AT&T 등 미국 공룡 기업은 제각각 스트리밍 서비스를 개시하고 공격적으로 투자하고 있다. 우리나라의 경우 통신 3사가 모두 OTT 시장에 뛰어들었다. 이런 상황만 놓고 보면, OTT 업계는 경쟁이 너무 치열해 벌써 레드오션이 된 것처럼 느껴지기도 한다.

하지만 정말 그럴까. 넷플릭스라는 최강자가 있음에도 다른 기업이 계속 이 시장에 뛰어드는 건 그만큼 먹거리가 아직 풍부하게 남아 있기 때문이다. 또한 넷플릭스가 잘나간다고 해서 다른 기업들의 입지가 줄어드는 것도 아니다. 한 통계에 따르면 미국은 가구당 평균 4.5개의 OTT 서비스를 구독한다. 넷플릭스를 보는 사람은 디즈니플러스도 보고 애플TV도 본다.

넷플릭스가
과연 동영상만 팔까?

많은 기업이 동영상 스트리밍 시장에 뛰어드는 이유는 또 있다. 넷플릭스로 예를 들어보자. 현재 넷플릭스는 전 세계 2억 명 고객을 보유하고 있다. 넷플릭스는 콘텐츠 제공 기업인 동시에 2억 명의 정보를 들고 있는 데이터 기업이기도 하다. 이 데이터를 통해 사람들이 어떤 주제에 열광하고, 어떤 콘텐츠에 오래 머무는지 실시간으로 분석한다. 이제 기업의 경쟁력은 바로 이 데이터가 좌우한다. 넷플릭스처럼 방대한 고객 데이터가 누적된 기업은 새로운 사업 카테고리를 추가하기가 쉽다. 2억 명의 데이터를 보유한 넷플릭스가 계속 동영상 콘텐츠만 제공할까? 아니다. 이미 게임 구독 서비스를 준비하고 있다.

넷플릭스와 유사한 국내 기업 왓챠는 처음에는 영화 평점 서비스로 시작했다. 그렇게 개인의 취향을 데이터화 했고, 이 자산을 기반으로 동영상 스트리밍 서비스를 시작했다. 왓챠는 영화뿐만 아니라 도서 평점 서비스도 마련했다. 언제든 전자책 시장으로 뛰어들 수 있다. 영화, 책뿐만 아니라 음악, 웹툰, 공연 평점 서비스도 추진 중이다. 고객 데이터를 활용해 다양한 카테고리를 확장할 수 있다.

전 세계 기업이 OTT 시장에 뛰어드는 이유는 결국 더 많은 고객 데이터를 확보하기 위해서다. 최근엔 쿠팡 역시 동영상 스트리밍 서비스를 개시했다. 쿠팡은 유통으로 10년간 고객 데이터를 확보했고, 이 자산을 디딤돌 삼아 동영상 시장에 진출한 것이다. 그렇다면 넷플릭스는 어떨까. 쿠팡과는 반대로 넷플릭스는 동영상 서비스로 쌓은 데이터를 활용해 쇼핑 산업에 진출할 수 있다. 최근 넷플릭스는 온라인 굿즈 샵을 오픈했다. 일본의 유명 편집숍 '빔즈BEAMS'와 협업해 의류 상품을 선보일 정도로 꽤 진지하게 쇼핑 산업에 뛰어들었다. 이런데도 OTT 시장이 레드오션인가?

반도체 기업 투자자라면 꼭 알아야 할 상식

#데이터센터
#미래기술
#SOXX
#반도체를_보면_세계_경제가_보인다

넷플릭스 드라마 〈오징어게임〉이 화제다. 〈오징어게임〉 이전에 공개됐던 〈D.P.〉(2021) 역시 한국뿐 아니라 외국에서도 큰 인기를 끌었다. 이 현상을 보며 한국 콘텐츠 저력에 대해서도 놀랐지만, 그것보다 넷플릭스의 위력에 대해 다시 생각해봤다. 넷플릭스라는 거대한 플랫폼 덕분에 대한민국 콘텐츠가 실시간으로 외국에 수출되고, 반대로 다른 나라에서 만든 콘텐츠 역시 우리는 편하게 구독할 수 있다. 이런 플랫폼은 넷플릭스가 전부인 것도 아니다. OTT 기업들이 성장할수록 그 뒤에서 표정 관리 못 하고 활짝 웃는 기업이 있다. 바로 반도체 기업이다.

OTT 기업들은 전 세계적으로 늘어나는 트래픽을 감당

하려면 공격적으로 데이터센터를 증설해야만 한다. 데이터센터의 핵심은 반도체다. 넷플릭스와 디즈니플러스가 치열하게 경쟁하며 고객을 늘릴수록 반도체 기업에겐 호재다. 이뿐만이 아니다. 유망한 미래 기술을 나열해보자. 전기차, 자율주행, 5G, 메타버스, AR, VR 등등. 이 신기술에도 반도체는 핵심이다. 현대 산업에서 반도체는 안 쓰이는 곳을 찾기가 어려울 정도다.

삼성전자의 위상

대한민국은 반도체 강국이다. 한 해 동안 우리나라가 해외에 수출하는 품목 중 반도체가 차지하는 비율은 무려 20%다. 국내 주식투자자 역시 반도체 기업을 사랑한다. 삼성전자 주식을 보유한 개인 주주만 500만 명이 넘는다. 국민 10명 중 1명이 삼성전자 주주라는 뜻이다. 단순히 애국심 때문만은 아니다. 반도체는 크게 메모리 반도체와 비메모리 반도체가 있다. 삼성전자는 메모리 반도체 분야에서 전 세계 1등 기업이다. 그냥 1등이 아니라 압도적인 1등이다.

앞으로 어떤 산업이 성장하든 반도체 시장과 함께 생각해야 한다. 그래서 반도체 시장 흐름과 반도체 기업 패권 구도를 살피는 건 세계 경제 맥락을 이해하는 가장 좋은 공부다. 주식투자에도 적잖은 도움이 된다. 반도체 시장에 대해 우리가 상식적으로 탑재해야 할 내용을 단기 속성 버전으로 준비해봤다.

'팹리스'가 뭐죠?

반도체라는 물건은 세상에 나오기까지 복잡한 과정을 거친다. 반도체 기업은 크게 두 부류로 나뉜다. 반도체를 설계하는 기업이 있고, 반도체를 생산하는 기업이 있다. 둘 모두를 하는 기업도 있다. 반도체 생산 공장을 보유하지 않고 오직 설계만 하는 기업을 '팹리스'라고 부른다. 대표적인 팹리스 기업은 퀄컴, 엔비디아, AMD다. 이 기업들은 반도체와 관련한 기술 개발만 하고 직접 생산하진 않는다.

퀄컴이 보유한 반도체 특허는 3만 개가 넘는다. 이 특허에서 자유로운 IT기업은 별로 없다. 삼성전자 스마트폰에도 퀄컴이 설계한 칩이 들어가 있다. 엔비디아도 퀄컴 못지않은 무서운 팹리스 기업이다. 테슬라는 자체 개발 칩을 적용하기 전까지 엔비디아 제품을 사용했다. 콘솔 게임기 플레이스테이션5에는 AMD가 설계한 칩이 들어 있다.

TSMC는 어떻게 '파운드리' 최강자가 됐나

팹리스가 오직 반도체 설계만 하는 기업이라면 파운드리는 반도체를 생산하는 기업을 말한다. 팹리스 기업이 파운드리에 생산 외주를 맡기는 구조다. 파운드리 기업 중 전 세계 1등은 대만의 TSMC다. 파운드리 시장에서 TSMC의 존재감은 압도적이다. 참고로 아시아 기업 중 시가총액 1위 기업은 TSMC다. 이 기업의 주요 고객은 애플이다. 또한 AMD, 퀄컴, 브로드컴, 엔비디아, 소니, 마이크로소프트 역시 TSMC에 반도체 생산을 맡긴다.

왜 파운드리 분야에서 TSMC는 절대강자 자리를 지키

고 있을까. TSMC의 모토는 '고객과 경쟁하지 않는다'이다. 즉, TSMC는 팹리스 사업을 하지 않고, 오직 생산만 한다. 반면 삼성전자와 인텔은 팹리스와 파운드리를 모두 하는 종합 반도체 기업이다. 반도체 설계 기업들 입장에선 자신들과 전혀 경쟁할 위험이 없는 TSMC에 반도체 생산을 맡기는 게 편한 것이다.

TSMC를 따라잡기 위해 삼성전자와 인텔은 파운드리 부문에 막대한 투자를 퍼붓고 있다. 미국은 아예 정부 차원에서 대놓고 자국 반도체 기업들을 밀어주고 있다.

반도체 기업 한 방에 투자하기

반도체 기업 주식을 사기로 마음먹은 사람은 깊은 고민에 빠진다. 유망한 기업이 한둘이 아니기 때문이다. 대한민국 사람이라고 굳이 삼성전자만 살 필요는 없다. 우리는 언제든 엔비디아, TSMC, AMD, 퀄컴의 주주가 될 수 있다. 모두 제각각의 무기를 가진 기업들이다. 뭘 골라야 할까. 이럴 땐 역시 ETF가 좋은 선택이다. 반도체 ETF 상품을 활용하면 전 세계 최고의 기업들에 골고루 투자하는 효과를 누릴 수 있다. 미국 증시에 상장된 대표적인 반도체 ETF는 'SOXX'다. 이 상품은 브로드컴, 퀄컴, 엔비디아, 인텔, TSMC 등 전 세계 최강 반도체 기업에 골고루 분산투자 한다.

"장기적인 투자 성공을
가져오는 것은 '시장을
예측하는 것'이 아닌
'시장에 참여하는 시간'이다.
시장을 보거나 시장을
예측하려고 애쓰지 말고,
그저 시장 안에 있기만 해라."

피터 린치

비트코인 투자가
무섭다면
여긴 어때?

#페이팔마피아
#NFT
#DC코믹스
#비트코인_거래소_투자를_고려하라

누군가는 비트코인에 투자를 한다. 그러면서 주변 사람들 역시 비트코인에 투자하기를 원한다. 물론 다 같이 잘되기를 바라는 마음에서다. 또 다른 누군가는 비트코인에 투자하지 않고, 앞으로도 투자할 생각이 없다. 이 사람들은 비트코인에 관심이 없거나 사기라고 생각한다. 비트코인에 투자하는 사람과 투자하지 않는 사람 사이엔 건너기 어려운 강이 놓여 있다. 이 둘은 같은 현상을 놓고도 전혀 다른 상상을 하는 사람이며, 상대방을 설득하는 건 불가능에 가깝다.

객관적인 상황만 놓고 따져보자. 비트코인이 탄생한 건 2009년이다. 가상화폐가 이 세상에 등장한 지도 10년이 넘었다. 그사이에 세상은 어떻게 변했나. 불과 몇 년 전만 해도 우리나라의 법무부장관은 가상화폐를 거래하는 것만으로도 처벌이 가능하다며 엄포를 놓았다. 그런데 지금은 어떤가. 정부는 비트코인에 대한 과세 체계를 준비 중이다. 이건 비트코인이라는 자산을 어떤 식으로든 인정한 것이다. 미국은 어떨까. 비트코인을 가장 싫어하는 나라가 미국이다. 달러를 위협하는 비트코인을 죽이기 위해서 미국 정부는 안간힘을 썼지만, 결국 대세는 막지 못했다. 최근 미국 금융당국은 비트코인과 관련한 ETF 상품이 증시에 상장하는 것을 승인했다.

비트코인에 대한 인식은 사람마다 제각각일 수 있지만, 어쨌든 세상은 이 새로운 자산을 서서히 인정하고 있다. 이건 하나의 의견이 아니라 사실이다.

그렇다고 해서 '지금이라도 비트코인에 투자하라'라고 주장하려는 건 아니다. 누군가에게는 여전히 이 자산이 낯설고, 또 급격하게 오른 가격도 부담스러울 것이다. 그럼에도 어떤 식으로든 이 새로운 흐름에 조금이나마 발을 걸쳐 놓고 싶은 사람도 있을 테다. 직접투자하는 건 꺼려지고, 그렇다고 아예 무시하기도 어렵고. 이런 사람을 위한 투자처를 정리해봤다. 비트코인 혹은 블록체인 산업의 온기를 듬뿍 전달받을 수 있는 기업들이다.

페이팔 Paypal

실리콘밸리에는 '페이팔 마피아'라는 말이 있다. 페이팔 창업 멤버들은 페이팔을 매각하고 뿔뿔이 흩어져 저마다 새로운 회사를 세웠다. 그들은 마피아처럼 서로 끌고 밀어주며 영향력을 키웠다. 링크드인, 유튜브도 페이팔 출신이 만든 서비스다. 테슬라를 세운 일론 머스크 역시 페이팔 마피아의 핵심 멤버다.

페이팔은 온라인 결제 기업이다. 전 세계에 약 4억 명 가까운 이용자를 보유하고 있는 가장 성공한 핀테크FinTech, 금융기술 서비스 기업이다. 페이팔은 그 어떤 결제 업체보다 재빨리 비트코인을 수용했다. 페이팔이라는 플랫폼으로 비트코인을 사고팔 수도 있고, 물건값을 가상화폐로 지불할 수도 있다.

페이팔 출신 대부분이 비트코인에 호의적이다. 일론 머스크가 얼마나 가상화폐에 지대한 관심이 있는지는 굳이 더 설명할 필요도 없다. 사실상 페이팔 마피아의 두목이나 다름없는 피터 틸도 비트코인에 호의적이다. 그가 세운 빅데이터 회사 팔란티어 역시 비트코인으로 결제하는 것을 허용했다.

코인베이스 Coinbase

19세기 미국에서 골드러시 광풍이 불었을 때 많은 사람은 일확천금을 노리며 금광으로 향했다. 그런데 이 광풍에서 돈을 번 것은 광부가 아니라 광부에게 채굴 장비를 빌려준 회사, 광산 인근의 여관, 식당들이었다.

주식시장 역시 마찬가지다. 2020년 동학개미운동 덕분에 새롭게 주식투자를 시작한 사람들이 많았다. 안타깝지만 통계를 보면 투자를 새로 시작한 사람 중 절반 이상은 돈을 잃었다. 어쩔 수 없다. 주식투자를 처음 시작한 사람은 시행착오를 겪게 마련이다.

개인 투자자들이 돈을 잃든 벌든 이 과정에서 돈을 버는 곳이 있다. 바로 증권사다. 증권사는 개인 투자자들이 주식 종목을 사고팔 때마다 수수료를 챙긴다. 개인은 주식을 매매할 때마다 돈을 잃기도, 벌기도 하지만 증권사는 무조건 수수료 수익을 올린다. 실제로 동학개미운동 덕분에 국내 증권사 대부분이 역대 최대 실적을 기록했다.

가상화폐 시장도 비슷한 구조다. 어떤 사람은 비트코인에 장기투자를 하지만, 누군가는 수시로 알트코인을 사고판다. 코인 거래소는 이 모든 거래에서 수수료를 챙긴다. 미국 최대 코인 거래소 '코인베이스'가 2021년 4월 나스닥 시장에 상장했다. '증권 거래소'에 '암호화폐 거래소'가 상장한 것인데, 이 자체가 상징적인 사건이다. 비트코인 투자가 겁난다면, 비트코인 거래소 투자를 고려해볼 만하다.

디즈니 Disney

페이팔과 코인베이스는 가상화폐와 직접 연관이 있는 기업인데, 디즈니는 조금 의아하게 느껴질 수도 있다. 애니메이션과 영화를 제작하는 미디어 콘텐츠 기업이 어떻게 블록체인 산업의 수혜를 누릴 수 있을까.

일단 NFTNon-Fungible Token, 대체불가능토큰에 대한 개념부터 짚고 넘어가야 한다. NFT는 몇 줄로 설명하기 꽤 복잡하다. 최대한 간결하게 표현하자면 NFT란 '디지털 자산에 붙이는 보증서'라고 보면 된다. 예컨대, 디지털 파일로 존재하는 영상, 음악, 사진은 무한 복제가 가능하다. 그래서 원본이라는 개념 자체가 희미하다. 하지만 여기에 비트코인처럼 블록체인 기술을 활용해 NFT를 적용하면 마치 원본이 존재하는 미술 작품처럼 디지털 자산에도 '정품 보증서' 딱지를 붙일 수 있다. 이렇게 만들어진 NFT는 유명 화가의 작품처럼 개인끼리 자유롭게 거래할 수 있다.

다시 디즈니로 돌아와보자. 디즈니는 전 세계 최대 콘텐츠 기업이다. 디즈니가 그들의 콘텐츠에 NFT를 접목할 거라고 공식적으로 밝히진 않았지만, 업계에서는 정해진 미래라고 보고 있다. 이미 마블코믹스(디즈니 소유)의 라이벌인 DC 코믹스는 배트맨, 원더우먼 등의 캐릭터를 활용한 NFT 발행을 추진 중이다.

"경쟁하지 말고
독점하라."

피터 틸(Peter Thiel, 1967~)
페이팔의 공동 창업자, 실리콘 밸리의 거물 투자자

게임하면서
돈까지 번다고?

#리니지
#미르4
#P2E는_게임_업계_최대_화두다

초등학생 때의 일이다. 우리 동네에도 PC방이 생겼다. 방과 후 친구들과 우르르 PC방에 갔다. 그때 설렘은 아직도 잊히지 않는다. PC방이 생기기 전에도 오락실에서 게임을 했지만, 오락실 게임과 PC게임은 비교가 되지 않았다. 신세계가 열렸다. 그렇게 리니지라는 게임을 만났다. 그날로부터 20년이 더 지났지만, 여전히 많은 사람이 리니지를 한다. 차이점이 있다면 그때는 PC로 리니지를 했고, 지금은 모바일로 한다. 나는 초등학생 때 접한 리니지를 20대 초반이 돼서야 끊었다. 고등학생 때는 잠시 게임을 중단했지만, 어쨌든 내 인생의 많은 시간을 리니지와 함께한 것이다.

나처럼 리니지를 오래 한 사람을 사회가 어떻게 바라보

는지도 알고 있다. 그다지 좋지 않은 시선이다. 리니지만큼 대한민국에서 오랫동안 최고의 인기를 누린 게임은 없다. 동시에 리니지만큼 욕을 많이 먹은 게임도 없다. 심지어 리니지를 즐기는 사람마저 이 게임을 곧잘 비판한다. 왜 그럴까. 중독성이 강하며 게임을 하면서 현금을 사용하도록 유도하기 때문이다. '리니지 페인'이라는 말이 괜히 나온 게 아니다. 누군가는 이 게임이 인생 그 자체라고 말한다. 나 역시 리니지 안에서 다양한 유저들과 부딪히며 인간에 대해 공부를 했다. 세상엔 참 다양한 사람이 있고, 게임 안에선 그 사람들의 민낯이 여실히 드러난다.

게임하면서
돈을 버는 시대

리니지의 최대 화두는 역시 현금 거래였다. 유저들은 게임 속 아이템을 현금으로 사고팔았다. '진명황의 집행검'이라는 희귀 게임 아이템은 한때 현금 1억 원에 거래되기도 했다. 게임 속 화폐 '아데나' 역시 현금으로 거래됐다. 리니지 아이템 현금 거래가 사회문제로 다뤄지며 언론에도 종종 보도됐던

적이 있다. 게임사 차원에서도 현금 거래를 제재하기 위해 애썼다. 하지만 한번 생겨난 시장은 틀어막을 수 없다. 게임 아이템 현금 거래가 활발해지자 당근마켓처럼 이 거래를 중개하는 서비스까지 탄생했다. 리니지를 직업으로 삼는 사람들까지 생겼다. 게임을 하면서 돈도 벌 수 있으니까. 물론, 이들을 바라보는 사회의 시선은 곱지 않았다.

그렇게 시간이 흘렀다. 최근 들어 P2E 트렌드가 뜨겁다. P2E는 'Play to Earn'의 약자다. '게임하면서 돈까지 번다'는 뜻이다. 게임을 하는 것만으로도 즐거운데, 돈까지 번다? 당연히 귀가 번쩍 뜨일 수밖에.

먼저 치고 나간 위메이드

국내 게임사 중 가장 먼저 P2E 시스템을 도입한 곳은 위메이드다. 이 게임사가 출시한 온라인 RPG게임 '미르4'는 유저들을 위한 수익 창출 시스템을 도입했다. 위메이드는 '위믹스'라는 가상화폐를 발행했다. 위믹스는 현재 국내외 가상화폐 거래소에 상장했다. 미르4 유저들은 게임 속에서 특정 자원을 수집하면, 이 자원을 위믹스 코인으로 교환할 수 있다. 당연히 위믹스는 언제든 현금화가 가능하다. 게임을 하면서 돈까지 버는 게 공식적으로 가능해진 거다.

당연히 다른 게임사 역시 자체 개발한 가상화폐를 발행하고, 게임과 연계해 유저들에게 수익 창출 기회를 열어주려 안간힘 쓰고 있다. P2E는 현재 게임 업계 최대 화두이며, 이 시장을 선점하기 위해 전 세계 게임사들이 총력전을 펼치고 있다.

리니지를 만든 엔씨소프트도 NFT를 적용한 게임을 준비하고 있다고 발표했다. 구체적인 계획까지 밝히진 않았지만, 시장에서는 결국 엔씨소프트 역시 P2E 트렌드에 올라타리라 전망했다. 이 소식이 나온 날 엔씨소프트 주가는 단 하루 만에 30% 가까이 치솟았다. 시장에서 P2E 트렌드에 거는 기대가 얼마나 큰지 보여주는 사건이었다.

세상이 정말
빠르게 변하고 있다

누군가는 이렇게 말할 수도 있다. "게임으로 돈을 버는 개념은 과거부터 있었잖아." 서두에서도 설명했듯이 게임으로 돈을 버는 역사는 오래됐다. 내가 초등학교 때도 리니지 유저들은 게임 아이템을 현금으로 사고팔곤 했다. 하지만 어디까지나 이건 불법이었다. 암시장에서 이뤄지는 거래였다. 하지만 공식적으로 P2E 시스템이 도입되면 이야기가 달라진다. 가상화폐, NFT 등 블록체인 기술을 접목해 게임머니를 안정적으로 가상화폐로 바꿀 수 있고, 이 가상화폐는 현금으로 교환할 수 있다.

게임사뿐만 아니라 메타버스 플랫폼도 가상 세계 안에서 유저들이 돈을 벌 수 있는 시스템을 마련 중이다. 이미 메타버스 플랫폼 '제페토'를 통해 돈을 버는 사람들이 있다. 아바타용 의상이나 헤어스타일을 직접 디자인해 가상 세계 안에 마련된 샵을 통해 다른 유저에게 판매하는 방식이다.

이토록 세상은 정말 빠르게 변한다. 블록체인, 가상화

페, NFT, P2E, 메타버스. 어느 하나 만만한 개념이 아니고, 여전히 낯설다. 하지만 확실한 건 이 낯선 세계의 문은 이미 활짝 열렸다.

"미래는 이미 와 있다.
단지 널리 퍼져 있지
않을 뿐이다."

윌리엄 깁슨(William Gibson, 1948~)
사이버펑크 붐을 선도한 SF 소설가

지금
이 순간,
세상은

선택하고 집중하라:
돈 공부는 하루라도 빠를수록 좋다

🐦 왜 기업들은 갑자기 'ESG 경영'을 선포할까?

🤖 누가 우리를 위로해주지? 바로 빅데이터!

🏃 왜 나이키 광고에 부쩍 여성이 많이 등장할까?

🐾 1인 가구가 온다, 우리는 무엇에 투자해야 할까

👀 친구야 우리 함께 건물주나 돼볼까?

😊 월화수목토토토…… 주4일제가 온다

👟 왜 신지도 않을 운동화를 수백만 원 주고 살까?

✋ 맥도날드는 세계 최대 부동산 기업입니다

왜 기업들은 갑자기
'_ESG 경영_'을
선포할까?

#MZ세대
#가치소비
#착한_기업이_돈도_잘_번다

경제 뉴스를 꼼꼼하게 챙겨보는 사람들이라면 최근 ESG라는 용어를 제법 많이 들어봤을 테다. 의미부터 살펴보자. ESG란 환경Environment, 사회Social, 지배구조Governance 앞 글자를 따와서 만든 신조어다. 국내 기업뿐 아니라 전 세계 기업들이 경쟁하듯 ESG 경영을 선포하는 중이다. 환경을 보호하고 사회에 긍정적인 영향을 끼치며 건전한 경영을 추구하는 기업이 되겠다고 다짐하는 것이다. 언뜻 생각하면 당연한 것처럼 보인다. 어떤 기업이 대놓고 '우리는 환경을 신경 쓰지 않고, 사회에 선한 영향력을 발휘하는 데도 관심 없고, 오직 수익에만 집중합니다'라고 말하겠는가. 그래서 기업들이 '우리는 착한 기업입니다'라고 홍보하는 건 그리 이상한 풍경은 아니다.

하지만 의문점이 있다. 왜 하필 지금인가. 왜 지금 많은 기업이 ESG 경영을 선포하는 걸까. 최근 대형 서점에 간 적이 있는데, ESG와 관련한 책을 모아놓은 코너가 따로 있을 정도였다. ESG가 대세라는 뜻이다. 갑자기 기업들에게 특이점이 온 걸까? '아, 이제부터 윤리적인 경영을 해야겠다'라며 자발적으로 착한 기업을 자처하는 걸까? 순진한 생각이다. 기업의 최종 목표는 결국 이윤이다. 기업들이 ESG 경영을 선포하는 건 수익과도 직결되기 때문이다. 요약하면 '착한 기업이 돈도 잘 버는' 시대가 온 것이다.

가치를 소비하는 MZ세대

기업들은 끊임없이 자금을 조달해야 한다. 이곳저곳에서 돈을 끌어와서 공장을 짓고, 상품 개발을 하고, 시설을 확충해야 한다. 그러려면 기업의 신용도가 중요하다. 신용도가 높을수록 투자금을 낮은 금리로 빌릴 수 있다. 이제 글로벌 투자은행들은 기업들의 신용도를 평가할 때 ESG 지표까지 고려한다. ESG 성적이 낮은 기업은 투자금을 조달하기가 점점 어려워진다. 그래서 현재 전 세계 기업들은 비록 보여주기식일지라도 'ESG 경영'을 도입할 수밖에 없다. 투자은행들은왜 기업들에 ESG 원칙을 지키라고 강요하는 걸까. 투자은행이야말로 윤리적인 책임감에 눈을 뜬 걸까? 투자은행들 역시 최종 목표는 이윤이다. 그들이 내린 결론은 이렇다. '착한기업이 돈도 더 잘 번다.'

거대한 자본을 움직이는 기관들이 위와 같은 결론을 내린 건 MZ세대 때문이다. MZ세대의 소비 방식은 윗세대와다르다. 상품의 가성비, 효율성, 심미성만을 따져 구매를 결정하던 윗세대와 달리 MZ세대는 '가치'까지 중시한다. 아무리 뛰어난 제품을 판매할지라도 사회적으로 악영향을 끼치는 기업은 외면당한다. 예컨대, A라는 기업이 내놓은 상품은 여러모로 따져도 경쟁 제품보다 뛰어나다고 가정해보자.그런데 어느 날 A기업의 오너가 갑질을 했다는 뉴스가 터진다. 그럼 아무리 그 기업의 제품이 뛰어나더라도 소비자들은 외면한다. 심하면 불매운동으로도 번진다. A기업은 무너진 신뢰를 되찾기 위해서 뼈를 깎는 노력을 해야 한다.

반대는 어떤가. 사회적으로 선한 영향력을 행사하고, 제품을 생산하는 과정에서도 윤리적인 방식을 택하는 기업이 있다. 이런 기업들은 결국 충성 고객을 끌어모은다.

파타고니아, 나이키의 가치

ESG라는 용어가 지금처럼 유행하기 전부터도 이 원칙을 지킨 기업이 있다. 대표적인 곳이 파타고니아다. 미국 아웃도어 브랜드 파타고니아는 2011년 쇼핑 대목인 블랙 프라이데이를 앞두고 이상한 광고를 냈다. 광고 문구는 이랬다. "꼭 필요하지 않다면 우리의 재킷을 사지 마세요." 자신들의 제품을 사지 말라고 돈을 들여 광고까지 내보낸 것이다. 파타고니아는 왜 이런 비상식적인 광고를 냈을까? 고도의 상술이었을까? 아니다. 이 광고는 진심이었다. 파타고니아는 옷한 벌 만들 때마다 환경오염이 얼마나 발생하는지 설명했다. 그래서 아직 집에 있는 재킷이 입을 만하다면 굳이 새 옷을 살 필요가 없다고 캠페인을 한 것이다. 파타고니아는 매년 매출의 1%를 환경 단체에 기부하는 기업이다. 또한 친환경 소재로 옷을 만드는 연구도 꾸준히 하고 있다. 파타고니아는 '환경을 생각하는 브랜드'의 대명사가 됐다.

파타고니아가 ESG 중에서 E(환경)를 중시하는 브랜드라면 나이키는 S(사회)를 중시하는 기업이다. 나이키라는 기업을 한 문장으로 요약하면 'JUST DO IT'이다. 나이키는 수십 년 동안 꾸준히 외쳤다. '우물쭈물하지 말고 일단 도전해봐.' 나이키 광고는 일반적인 스포츠 의류 기업의 광고와 다르다. 나이키는 광고에 선명한 메시지를 담아왔다. 땀, 열정, 도전의 가치를 일깨우는 나이키 광고는 웬만한 자기계발서 몇 권보다 강력하다. 또한 나이키는 사회적인 문제에도 과감하게 돌직구를 던지는 기업이다. 성차별, 장애인 차별, 인종차별의 부당함을 에둘러 말하지 않는다. '정치적 올바름'에 피곤함을 호소하는 사람들도 많지만, 나이키는 뚝심 있게 올바른 것에 대해서 이야기한다.

위와 같은 이유로 MZ세대에게 파타고니아, 나이키는 단순히 의류를 파는 회사가 아니다. 이 기업들이 추구하는 가치에 공감하면서 기꺼이 지갑을 연다. 앞으로는 이런 '가치 소비'의 힘은 더욱 막강해질 것이다. 가치를 창출하지 못하는 기업은 도태될 수 있다.

누가 우리를
위로해주지?
바로 빅데이터

#엑손모빌
#세일즈포스
#알고리즘
#빅데이터가_곧_돈이다

폴 토머스 앤더슨 감독의 영화 〈데어 윌 비 블러드〉(2007)는 욕망에 관한 영화다. 주인공인 다니엘 플레인뷰(다니엘 데이 루이스)는 석유 시추 사업가다. 그는 석유가 있는 땅을 찾아 미국 서부로 향한다. 기름을 얻기 위해서라면 영혼마저 바칠 기세다. 석유에 미친 남자다. 다니엘은 자신의 삶이 파멸로 향하는 것도 모르고 검은 석유에 집착한다. 이 영화는 미국이라는 자본주의 국가의 어두운 속살을 드러낸다. 자본주의는 욕망이라는 동력으로 움직이는 사회다. 사회주의가 망한 건 인간의 욕망을 간과했기 때문이다. 그러나 어떤 사람의 욕망은 지나칠 정도로 거대하다. 이 욕망의 전차가 지나간 곳엔 결국 많은 사람의 피가 흥건하게 남는다. 영화를 다 보고 나면 '데어 윌 비 블러드'라는 제목이 의미심장하게 다가온다.

실제로 미국 역사는 석유산업과 떼어놓을 수 없다. 미국 자본주의 상징인 록펠러는 '석유왕'으로 불린 기업가다. 그는 스탠더드 오일이라는 석유 기업을 세웠다. 이 기업은 몇 번의 인수합병을 통해 엑손모빌이라는 거대한 공룡으로 성장했다. 엑손모빌은 애플에게 역전당하기 전까지 전 세계에서 몸값이 가장 비싼 기업이었다. 하지만 세상은 변한다. 애플에게 추월당한 엑손모빌은 계속 후퇴한다. 한때 시가총액 전 세계 1위였던 엑손모빌은 이제 순위권 밖으로 밀려났다.

엑손모빌은 2020년 미국 다우지수에서도 퇴출당했다. 다우지수란 쉽게 말해 미국 대표 기업 30개를 모아놓은 어벤져스라고 보면 된다. 엑손모빌은 92년 동안이나 이 지수에 포함돼 있었다. 그래서 엑손모빌의 다우지수 퇴출은 상징적이다. 시대가 변하고 있음을 알려주는 신호다. 그렇다면 우리가 주목해야 할 건 엑손모빌을 내쫓고 다우지수에 새롭게 편입된 기업이다. 주인공은 바로 세일즈포스다. 이 기업은 클라우드 서비스 기업이다. 기업들이 보유한 방대한 데이터를 용도에 맞게 가공해주는 기업이다. 세일즈포스가 엑손모빌을 제친 건 석유의 시대가 저물고 데이터의 시대가 활짝 열렸다는 의미다.

널려 퍼져 있는 미래

SF 소설가 윌리엄 깁슨은 "미래는 이미 와 있다. 단지 널리 퍼져 있지 않을 뿐이다"라고 말했다. 빅데이터는 어떤가. 지난 몇 년 동안 빅데이터라는 단어는 정말 많은 곳에서 등장했다. AI라는 단어만큼이나 자주 사용된다. 하지만 여전히 빅데이터라는 개념은 뭔가 모호하다. 도대체 빅데이터란 무엇인가. 이미 다가온 미래지만, 아직 널리 퍼져 있지 않은 신기술인가? 그래서 낯설게 느껴지는 걸까? 아니다. 오히려 반대다. 우리 일상 아주 깊숙한 곳까지 들어와 있기 때문에 빅데이터의 위력을 간과하는 것이다.

알고리즘에
위로받는 시대

우리가 종종 유튜브에서 헤어 나오지 못하는 이유도 빅데이터 때문이다. 유튜브는 어쩌면 나보다 더 나의 취향과 관심사를 잘 알고 있을 수도 있다. 한 영상을 보면 곧바로 연관 동영상이 뜬다. 그 영상을 또 클릭한다. 그 뒤에 또 다른 연관 동영상이 뜬다. 그런 식으로 10분만 유튜브를 보려다가 한 시간을 머무르게 된다. 넷플릭스, 애플뮤직 등 개인 맞춤형 큐레이션 서비스 대부분이 그렇다. 기업들은 이용자의 취향이나 성향을 데이터화한다. 이 데이터 알고리즘을 이용해 고객의 시간을 사로잡고 마지막엔 영혼까지 사로잡는다.

2013년에 개봉한 영화 〈Her〉는 인공지능과 사랑에 빠지는 남자의 이야기다. 이 남자는 왜 목소리뿐인 AI 사만다를 사랑하게 됐을까. 사만다는 고객의 사소한 데이터까지 빼곡하게 보유하고 있다. 그래서 언제 어떻게 이 남자를 위로해야 할지 정확하게 알고 있다. 가까운 미래에 우리를 효과적으로 위로하는 건 인간이 아니라 알고리즘일 수도 있다. 아니, 이미 그런 시대에 살고 있는지도 모른다. 그렇다면 우리는 어디에 투자해야 할까. 엑손모빌은 1세기 가까이 세계 경제를 호령했다. 그 바통을 데이터 기업이 이어받았다. 데이터 혁명은 이제 시작일 뿐이다.

왜 나이키 광고에
부쩍 여성이
많이 등장할까?

#페미니즘
#룰루레몬
#여성_고객이_시장경제를_움직인다

20세기 초와 비교하면 적어도 선진국으로 불리는 나라에서 여성의 인권은 발전했다. 하지만 과거보다 나아졌다고 해서 현재에 아무 문제가 없다는 뜻은 아니다. 사람들은 자신이 사는 시간을 기준 삼아서 세상을 판단한다. 현재 어떤 일로 힘들어하는 사람에게 "1세기 전 사람들은 더 힘들었어"라고 해봤자 그건 위로가 아니라 시비일 뿐이다.

　페미니즘을 경제적인 관점으로 살펴보자. 세상에서 가장 기민하게 움직이는 것이 무엇인가. 바로 돈이다. 세상의 모든 갈등은 사실 경제 문제다. 그래서 자본의 이동이 중요하다. 돈이 어디에서 어디로 이동하는지 살펴보는 것 자체가 최고의 경제 공부다. 페미니즘은 어떤가. 적어도 자본은 이 거대한 흐름에 베팅하고 있다.

나이키와
룰루레몬

나이키와 같은 스포츠 의류 브랜드 주요 고객은 누구일까. 당연히 남성이다. 나이키 간판 모델을 보면 쉽게 이해할 수 있다. 마이클 조던, 크리스티아누 호날두 등등. 나이키 모델 대부분은 남성 스포츠 스타다. 매출의 상당 부분이 남성 고객에게서 나왔기 때문에 그런 결정을 할 수밖에 없었다. 전세계에서 스포츠를 즐기는 인구를 성별로 나눴을 때 남성이 압도적으로 많은 건 사실이다.

그런데, 몇 년 전부터 나이키 광고가 집중하는 주제는 바로 여성이다. 자신의 삶을 주체적으로 경영하는 여성들을 전면에 내세우고 있다. 광고 속에 등장하는 여성들은 스포츠를 통해 매섭게 자기 자신을 단련하고, 때론 거칠고 치열하게 상대 선수와 경쟁한다. 나이키는 '너라는 위대함을 믿어'라는 문구를 내세워 여성들의 주체적인 삶을 응원한다.

나이키가 최근 몇 년간 '성장하는 여성'이라는 서사에 집중하는 이유는 뭘까. 단순히 옳은 메시지를 사회에 전파하기 위해서? 물론, 그런 이유도 있을 테다. 하지만 나이키 역시 기업이다. 그리고 광고는 돈을 더 많이 벌기 위해 만드는 콘텐츠다. 경제적인 이해관계를 무시할 수 없다.

여성 고객이 곧 미래다

"여자가 무슨 운동이야!"라고 말하던 시대도 있었다. "펜싱, 승마, 조정과 같은 스포츠에 여성이 참가하면 곧 보기 싫은 스포츠로 전락한다." 이렇게 말한 사람도 있었다. 그는 근대 올림픽을 창시한 쿠베르탱이다. 그런데 이제는 어떤가. 올림픽 참가 선수 중 여성 비율은 50%다. 프로 스포츠뿐 아니라 생활 스포츠를 즐기는 여성도 전 세계적으로 늘어나고 있다. 나이키와 같은 스포츠 의류 기업에서는 여성 고객이 곧 미래다.

룰루레몬 사례를 보면 더 쉽게 이해가 갈 것이다. 요가

복을 만드는 이 기업의 주가는 지난 5년 동안 무섭게 치솟았다. 매출의 상당 부분이 여성 요가복에서 창출된다. 자신의 삶을 조금 더 단단하고 주체적으로 운영하려는 여성이 늘어나고 있고, 이들은 자신의 발전을 위해 기꺼이 지갑을 연다. 스포츠는 그중 하나다. 거대한 자본은 이미 이 흐름에 올라탔다. 다시 강조하지만, 세상에서 가장 빠르게 움직이는 건 자본이다.

"나에게는 달리기에 대한
믿음이 있었다. 나는 사람들이
매일 밖에 나가 몇 마일씩 달리면,
세상은 더 좋은 곳이
될 것이라고 믿었다. 그리고
내가 파는 신발이 달리기에
더없이 좋은 신발이라고 믿었다."

필 나이트(Phil Knight, 1938~)
나이키 공동 창업자, 명예회장

1인 가구가 온다,
우리는 무엇에
투자해야 할까

#가정간편식
#멘탈케어
#변화의_중심에_1인_가구가_있다

어른이 되면 자연스럽게 돈 얘기를 자주 한다. 삼삼오오 모이면 주식 그리고 부동산 얘기가 나오게 마련이다. 부동산을 이야기할 때 우리가 궁금한 건 '과연 집값이 더 오를 것인가, 내릴 것인가'이다. 집값이 결국 떨어진다고 주장하는 쪽은 인구 감소를 원인으로 지목한다. 정부는 저출산 대책에 천문학적 예산을 쏟고 있지만, 딱히 상황이 개선될 조짐도 안 보인다. 인구 감소는 피할 수 없는 미래다. 인구가 줄면, 서울 아파트 수요도 줄어들 것이며 그렇다면 집값은 떨어질 수 있다.

하지만 이들이 간과하는 게 있다. 인구는 줄어들지만, 가구 수는 늘고 있다. 1인 가구가 급격하게 증가하고 있기 때문이다. 전체 가구 중 1인 가구가 차지하는 비중은 꾸준히 늘어 이제 30%에 달한다. 앞으로 이 비율은 더 높아질 것이다. '나 혼자 사는' 사람들은 어디에 살까. 통계청 자료에 따르면 1인 가구 중 30% 정도가 아파트에 산다. 또한 1인 가구 중 30%가 전세나 월세가 아니라 자가에 산다. 1인 가구라고 해서 아파트를 원하지 않는 건 아니다. 그들 역시 아파트 대기 수요자들이다. 전체적인 인구가 감소한다고 무조건 집값이 떨어지는 것은 아니란 뜻이다. 1인 가구의 증가는 부동산시장 외에도 산업 전반을 뒤흔들 거대한 흐름이다.

가정간편식 시장은
이제 시작

서울 서대문에 유명한 김치찜 맛집 '한옥집'이 있다. 이 식당은 몇 년 전 이마트와 손잡고 김치찜 즉석식품을 개발했다. 우리는 서대문에 가지 않고 가까운 이마트에 가서도 맛집 요리를 구매할 수 있다. 이마트가 주력으로 파는 즉석식품 '초마짬뽕' 역시 초마라는 유명한 중국집과 제휴해 만든 상품이다. 광장시장에서 가장 유명한 식당인 '순희네 빈대떡'

역시 이마트와 손잡고 즉석식품을 만들었다.

대형 유통업체들이 맛집까지 수소문하며 가정간편식에 공을 들이는 이유는 이 시장이 1인 가구의 급증과 함께 빠르게 성장하고 있어서다. 가정간편식은 벌써 5조 원짜리 시장으로 몸집이 확 불어났다. 이제 유통업체들은 한옥집, 초마, 순희네 빈대떡처럼 전국구 맛집뿐 아니라 동네 맛집까지 섭외해서 자체 브랜드PB 상품을 만드는 중이다. 사실상 식품업체 대부분이 간편식 시장에 진출 중이다. 굽네치킨은 닭가슴살 도시락을 개발했고, 맘스터치는 간편조리 삼계탕을 판다.

예적금 깨고 주식투자하는 1인 가구

KB금융이 2020년에 발표한 '한국 1인 가구 보고서'는 혼자 사는 사람에 대한 거의 모든 통계가 담겨 있다. 이 보고서에서 눈에 띄는 건 1인 가구의 자산 포트폴리오 변화다. 예적금 통장에 들어 있는 돈을 빼서 주식투자를 하는 사람들이 확 늘어났다. 1인 가구의 주식 자산 비중 확대는 모든 연령대에서 공통점으로 나타난 현상이다. 설문 조사 결과 앞으로도 주식 비중을 늘리겠다고 답한 사람이 많았다.

이 보고서는 객관적인 데이터뿐 아니라 1인 가구의 심리까지 설문 조사했다. 자발적으로 1인 가구를 선택한 사람들이 늘면서 이들의 생활 만족도는 매년 상승하는 중이다. 하지만 마냥 만족감만 있는 건 아니다. 경제력, 외로움에 대한 걱정 역시 여전히 높은 편이다. 혼자 산다는 건 자기 자신을 기르는 것이다. 누군가를 기르려면 돈이 필요하다. 자연스럽게 재테크 마인드에 눈을 뜬 1인 가구가 늘어나고 있다. 더 이상 통장에 현금을 쌓아두는 게 아니라 주식이나 펀드에 투자하면서 자신의 인생을 설계하는 것이다. 당연히 이런 흐름이 반가운 건 증권사다. 실제로 2021년 국내 증권사들은 역대 최대 실적을 기록했다.

멘탈 케어
서비스 수요 급증

1인 가구에 대한 우울한 통계도 많다. 2020년 서울시가 1인 가구를 대상으로 한 설문 조사에 따르면 혼자 살면서 힘든 점으로 23%가 '외로움'을 꼽았다. 1인 가구는 크게 두 부류로 나뉜다. 자발적으로 처음부터 1인 가구를 선택한 사람도 있겠지만, 자신의 의지와 상관없이 1인 가구가 된 사람도 있다. 이혼, 사별, 경제적 이유 등 제각각 사정으로 많은 사람이 혼자 산다. 아직 딱 떨어진 통계가 있는 건 아니지만, 국내외 의학계에선 가족과 함께 사는 사람보다 혼자 사는 사람이 우울증이나 불안장애에 시달릴 위험이 더 크다고 판단한다.

정신질환 역시 질병의 일종이다. 모든 병이 그렇듯 정신질환도 초기에 병원을 가서 증세가 더 악화되기 전에 치료해야 한다. 실제로 병원을 찾아 정신적 고통을 호소하는 사람이 늘어나고 있다. 우울증 환자는 최근 5년간 연평균 7%씩 늘고 있다. 다소 우울하지만, 우울증 치료제와 멘탈케어 시장은 앞으로 급성장할 것이다.

👀

친구야
우리 함께
건물주나 돼볼까?

#리츠
#임대수익
#기승전부동산
#기회의_문은_열려_있다

스타들을 떠올려보자. 스타 중에서도 오랜 시간 최정상급 지위를 유지해온 스타를 생각해보자. 그들에겐 공통점이 있다. 대부분 건물주다. 그들은 수십억 혹은 수백억짜리 빌딩을 소유하고 거기에서 월세 수입을 챙긴다.

자본주의 사회에서 자본을 많이 보유한 사람이 비싼 물건을 사는 건 죄가 아니다. 스타들이 막대한 자본력과 대출 실행 능력을 앞세워서 건물을 사는 건 어쩌면 당연한 일이다. 한국 사회는 기승전부동산이다. 당장 주변 사람에게 "로또 1등에 당첨되면?"이라고 물어봐라. 상당수는 "집 사야죠"라고 대답할 것이다.

하지만 꿈은 높아도 현실은 비루하다. 로또 1등에 몇 번이나 당첨된다고 해도 우리는 연예인이 매입한 빌딩은 꿈도 꿀 수 없다. 하지만 자본주의 사회의 장점이 무엇인가. 기회의 문이 열려 있다는 것이다. 당장 내일도 수백억짜리 건물 지분을 보유할 수 있다. 리츠에 주목해보자.

대기업 본사 빌딩을 소유해볼까

리츠REITs는 'Real Estate Investment Trusts'의 약자다. 해석하면 '부동산투자신탁'이다. 부동산 운영 기업이 투자자로부터 자금을 유치하고, 그 돈으로 상업용 건물에 투자한다. 그 건물로부터 얻은 임대수익을 다시 투자자에게 골고루 나눠준다. 이것이 리츠 투자의 기본 원리다. 리츠에 투자한다는 건 건물 지분에 투자한다는 의미다. 자신이 보유한 지분에 비례해서 월세처럼 배당을 받을 수 있다.

그동안 한국에서 리츠 상품은 평범한 개인 투자자가 접근하기엔 장벽이 높았다. 주로 사모펀드 형태로 판매됐기 때문이다. 사모펀드Private Placement Fund란 금융사가 VVIP처럼 소수의 고액 자산가에게만 제공하는 투자 상품이다.

이제는 일반 투자자도 참여할 수 있는 리츠 상품이 속속 등장하고 있다. 증시에 상장한 SK리츠가 대표적이다. 공모 단계에서 청약 경쟁률이 552대 1에 달할 만큼 투자자들의 관심이 뜨거웠다. 이 상품은 SK그룹 본사 사옥과 전국에 깔린 SK에너지 주유소에 투자한다. 이 부동산 자산에서 발생하는 임대수익을 분기별로 투자자에게 나눠준다. 즉, SK리츠 주식을 보유한다는 건 다른 사람들과 함께 SK 본사 빌딩과 주유소를 공동 구매한 후에 수익을 나눠 갖는 것이다. 현재 이 상품의 배당률은 약 5%다. 100만 원을 투자하면 한 해 5만 원의 임대수익을 올릴 수 있고, 1억 원을 투자했다면 500만 원 수익을 챙길 수 있다. 참고로 서울 상업용 건물 평균 임대수익률은 2~4% 정도다.

당연히 실제 빌딩과는 다르게 팔고 싶으면 언제든 곧바로 처분할 수 있다. 리츠 역시 주식 상품 중 하나이기 때문이다. 하지만 이런 종류의 자산은 장기적으로 보유하며 조금씩 지분을 늘려야만 의미가 있다. 거래의 관점이 아니라 투자의 관점으로 접근해야 한다.

자본주의 끝판왕
미국으로 가보자

한국에서 리츠 시장은 걸음마를 뗀 수준이다. 국내 증시에
상장된 리츠 상품은 이제 10여 개가 조금 넘는다. 하지만 굳
이 한국 시장만 쳐다볼 필요는 없다. 선진국 시장으로 눈을
돌려보자. 자본주의가 일찍 자리 잡은 나라엔 이미 수십 년
전부터 리츠 시장이 활성화됐다. 미국은 거의 모든 자산을
증권으로 치환하는 국가다. 이 나라에서는 교도소마저 리
츠 상품으로 개발돼 증시에 상장됐다.

　미국 증시에 상장된 리츠가 투자하는 분야는 다양하다.
카지노 시설, 요양 시설, 냉동 물류 창고, 특급 호텔, 데이터
센터를 운영하면서 거기에서 발생하는 임대수익을 투자자
에게 나눠준다. 또한 이런 리츠 상품에 분산투자하는 ETF
상품까지 마련돼 있다. 대부분의 리츠 배당 수익률은 당연
히 은행 적금 금리보다 월등하게 높다.

주의할 점도 있다. 리츠 상품이라고 해서 만능은 아니다. 건물주 역시 공실이 발생하면 임대수익을 거두는 데 차질이 생기듯, 리츠 역시 상황에 따라 손실을 볼 수도 있다. 코로나 때문에 전 세계적으로 여행 자체가 올스톱됐을 때, 호텔에 투자하는 리츠의 주가는 급락했다. 설상가상으로 배당금 지급마저 중단됐었다.

그럼에도
매력적인 리츠

리츠라고 해서 100% 확률로 무조건 돈을 버는 건 아니다. 그런데 이건 빌딩에 투자해도 마찬가지다. 건물 가격이 내려가고 세입자를 찾을 수 없으면 아무리 빌딩을 보유하고 있어도, 대출 이자조차 내기 버거울 수 있다.

그럼에도 시장에서는 리츠를 유망 투자처로 꼽으며 꾸준히 관련 상품을 개발하고 있다. 또한 국가 차원에서도 리츠 시장을 육성하기 위해 정책적으로 지원하는 중이다. 실제로 리츠에 투자하는 사람들도 점점 늘어나고 있다. 리츠가 주목받는 가장 큰 이유는 투자자들이 월세처럼 정기적으로 수익을 배분받는 구조 그 자체 때문이다. 주식투자자 상당수가 돈을 잃는 건 성급하게 주식을 사고, 팔기를 반복하기 때문이다. 우량주에 투자하고도 조금만 가격이 출렁이면 겁을 먹고 주식을 팔고, 며칠 뒤에 주가가 오르면 다시 산다. 싸게 팔고 비싸게 사는 걸 꾸준히 반복하며 돈을 잃는다. 주식은 하루에도 100번을 사고팔 수 있다. 리츠 상품 역시 일종의 주식이다. 하지만 이 상품에 투자할 땐 주식이 아니라 부동산에 투자하고 임대수익을 받는 관점으로 접근하는 게 옳다. 리츠에 투자하면서도 단기 거래할 생각을 한다면, 냉정하게 얘기해서 주식을 안 하는 게 낫다.

"무엇을
소유하고 있는지,
왜 그것을 소유하고
있는지 알아라."

피터 린치

월화수목토토토······
주4일제가 온다

#유토피아
#아이슬란드
#어떻게_나의_가치를_지킬_것인가

재계 "기업 할 맛이 싹 가셨다"
이틀 쉬니 '월요병' 더 심해졌네
"삶의 질" 높이려다 "삶의 터전" 잃습니다

2005년 위와 같은 걱정이 우리나라 곳곳에서 쏟아져
나왔다. 왜 그랬을까. 오랫동안 유지해온 주6일제가 본격적
으로 주5일제로 바뀌는 해였기 때문이다. 사측도, 노조도
주5일제에 대한 우려를 쏟아냈다. 사측에서는 생산성이 줄
어든다며 걱정했고, 노조에서는 일자리가 감소하리라며 비
판했다. 우리나라에서 사측과 노조가 대립하지 않고 한목소
리를 낸 이례적 사건이었다. 기업과 노동자만 이 화두에 뛰
어든 게 아니다. 불교계에서는 주말에 산을 찾는 사람이 늘

면 자연스럽게 신도가 증가할 것이라며 주5일제를 반겼다. 반대로 기독교계에서는 주말에 여행을 떠나는 사람이 많아지면서 교회를 찾는 신자가 줄어들 것을 우려했다. 이렇게 나라 전체가 주5일제 시행을 앞두고 격론을 벌였다.

그렇게 시간이 흘렀다. 지금은 어떤가. 주5일제가 싫고, 주6일제 시대로 돌아가야 한다며 불만을 품는 사람은 적어도 내 주변에는 없다. 오히려 주5일 근무도 많다고 불만을 품는 경우는 흔하다. 실제로 현재 전 세계적으로 주4일제가 화두다. 아이슬란드는 특정 근로자를 대상으로 4년간 주4일제 실험을 했다. 실험 결과는 놀라웠다. 하루 덜 일했지만, 생산성은 낮아지지 않았고, 직장인의 삶의 질은 확 올라갔다. 아이슬란드는 이제 실험을 마치고 본격적으로 근로 시간 단축 정책을 펼치고 있다. 미국, 일본, 스페인도 꽤 진지하게 주4일제 도입에 대한 논의를 시작하고 있다.

기업마저 관심 갖는
주4일제

우리나라도 예외는 아니다. 주4일제에 대한 목소리가 커지는 중이다. 잡코리아와 알바몬이 직장인을 대상으로 설문 조사한 결과 100명 중 88명은 주4일제에 대해 찬성을 했다. 몇몇 기업은 한발 앞서 실제로 주4일제 실험을 하는 중이다. 당연히 본격적으로 주4일제 논의가 이뤄지면 사회 곳곳에서 격론이 벌어질 것이다. 주6일제에서 주5일제로 단축될 때도 이 갈등은 몇 년간 이어졌다.

하지만 이번엔 과거의 양상과는 조금 다르다. 주6일제에서 주5일제로 패러다임 전환이 일어났을 때 기업들은 '이러다 우리 다 죽어'라는 마음으로 결사반대했다. 그런데 이젠 오히려 앞장서서 주4일제 실험을 추진하는 기업도 있다. 왜 그럴까? 인간에게는 다소 두려운 소식일 수도 있겠지만, 점점 기업은 인간을 필요로 하지 않는다. AI, 알고리즘, 빅데이터와 같은 기술은 지금 이 순간에도 인간 노동자를 대체하는 중이다. 당장 텔레비전만 켜도 가상 인간이 찍은 CF가 나온다. 기업 입장에서도 굳이 직원을 오랫동안 회사에 잡아놓을 이유가 희미해지고 있다는 뜻이다. 우리가 생각하는 것보다 더 빨리 주4일제 시대가 올 수도 있다.

주4일제가
축복이 되려면

니체는 노예를 이렇게 정의했다. "하루에 주어지는 시간 중 3분의 2를 자신을 위해 쓰지 못하는 자는 노예다." 이 정의에 따르면 나는 노예다. 나뿐만 아니라 노동자 대부분이 노예다. 9시에 출근해서 6시에 퇴근한다고 하더라도 출근 준비, 출퇴근 시간을 더하면 노예의 반열에 들어갈 수밖에 없다. 덜 일하고 싶고, 조금 더 쉬고, 나를 위한 시간을 많이 확보하고 싶은 건 인간의 본능이다. 이런 본능이 한데 뭉쳐서 전면적인 주4일제 시대를 연다고 치자. 그럼 사회는 어떻게 변할까?

취미를 즐길 기회가 늘어나고, 가족과 함께하는 시간도 늘어날 것이다. 소비도 여행도 게임도 연애도 더 많이 할 것이다. 이렇게만 보면 세상은 유토피아처럼 보인다.

그런데 정말 그럴까? 모든 것들이 좋아지기만 할까? 이건 어디까지나 덜 일한다고 해도 소득이 줄어들지 않았을 때의 이야기다. 위에서도 언급했지만 주4일제에 대한 논의는 주6일제에서 주5일제로 넘어올 때와는 모양새가 다르다. 당시에는 정부 차원에서 일방적으로 밀어붙였고, 기업은 반대했다. 그런데 이번엔 정부에서 운을 떼기도 전에 먼저 주4일제를 도입하는 기업이 있다.

살짝 불길한 상상도 해본다. 주4일제 실험을 하는 기업 중 어떤 곳은 인간 노동력의 가치가 얼마나 하락했는지 확인할 것이다. 그리고 굳이 인간이 필요하지 않은 부분에선 인간을 배제할 것이다. 은행만 해도 대부분의 거래가 비대면으로 전환됐다. 그 결과 은행들은 꽤 공격적인 방식으로 인력 감축에 나섰다. 이런 칼바람이 부는 게 과연 은행뿐일까.

우리가 고민해야 할 건 '인간의 노동 가치가 평가절하되는 시대 속에서 앞으로 어떻게 나의 가치를 지킬 것인가'이다. 주4일제가 도입된다고 하더라도, 내가 가진 스킬이 더 이상 쓸모없어지면 그때는 또 다른 문제에 직면할 것이다.

왜 신지도 않을
운동화를
수백만 원 주고
살까?

#리셀테크
#PTFKT
#나이키랜드
#신발도_하나의_예술품이다

18년 전 일이다. 나는 중학생이었다. 15만 원 정도의 현금을 들고 서울행 버스에 올랐다. 거래는 남부터미널역 국제전자상가 인근에서 이뤄졌다. 내 생에 첫 운동화 직거래가 성사된 날이다. 낯선 장소에서 낯선 사람과 물물거래를 하는 건 왠지 두려웠지만, 별일 없이 거래를 마쳤다. 그날 구매한 신발은 나이키 맥스95다. 품절된 제품이기에 개인 거래로만 구할 수 있었다. 신발 밑창이 뜯어질 때까지 열심히 신었다.

운동화 리셀 시장의 역사는 길다. 20여 년 전에도 인터넷 커뮤니티를 통해 나이키 운동화를 사고파는 사람들은 있었다. 그때만 해도 개인이 신발을 사고파는 행위는 대중적이지 않았다. '신발 덕후'들의 소소한 문화였다.

급성장한
리셀 시장

이제 운동화 리셀은 더 이상 소수 문화가 아니다. MZ세대의 놀이 수단이자 재테크로 급부상했다. 수익률도 무시할 수 없는 수준이다. 리셀과 재테크의 합성어인 '리셀테크'라는 신조어까지 등장했다. 인기 있는 운동화는 발매가 대비 리셀 가격이 10배 이상 치솟는다. 나이키가 한정판 운동화 구매권을 추첨으로 뿌릴 땐 홈페이지가 마비될 정도다. 신발 자체에는 그다지 관심 없지만, 오직 재테크 차원에서 나이키 한정판 운동화 추첨에 꾸준히 도전하는 사람도 많다.

운동화 자체를 사랑하는 사람들 입장에선 리셀만을 위해 이 시장에 진입한 사람이 얄미울 수 있다. 하지만 어쩌겠는가. 최근 세상을 떠난 버질 아블로 역시 생전에 리셀에 대한 자신의 견해를 밝힌 적이 있다. 그는 "리셀 문화는 내가 컨트롤할 수 없는 영역"이라고 말했다. 버질 아블로가 세상을 떠난 직후 '오프화이트×에어조던1' 등 그가 디자인한 한정판 신발 가격 역시 급등했다.

17억 원짜리
운동화

리셀이라는 현상에서 주목해야 할 건 신발을 파는 리셀러들이 아니다. 프리미엄을 수백만 원까지 지불하면서 이 신발을 사는 사람들이 핵심이다. 이들 중 상당수는 운동화를 사놓고 신지도 않는다. 장식장까지 마련해 신발을 전시한다. 신발을 예술품처럼 다룬다. 실제로 어떤 신발은 전통 예술품 이상의 지위를 누린다. 마이클 조던이 경기에서 신었던 농구화는 소더비 경매에서 17억 원에 낙찰됐다.

　인간에게는 타인과 자신을 차별화하고 싶은 본능이 있다. 간편하게 이 본능을 충족하는 방법은 아무나 갖지 못하는 물건을 소유하는 것이다. 부자들이 주식을 사고 부동산을 사다가 결국 마지막에 예술품을 사들이는 건 희소성이라는 상징이 그들에게는 중요하기 때문이다. 이 상징을 수집하기 위해서라면 그들은 지갑을 연다.

　기존 예술 시장에 비하면 아직 한정판 스니커즈 시장 규모는 작다. 하지만 무서운 속도로 성장 중이다. "신발도 예술

이 될 수 있는가?"라는 질문은 이제 구식이다. 전 세계 미술
품 경매 업계 양대 산맥인 소더비와 크리스티는 이미 스니
커즈를 하나의 예술품 카테고리로 다루고 있다.

신을 수 없는
신발까지 품절

올해 초 RTFKT라는 패션 브랜드에서 한정판 스니커즈를
팔았다. 결과는 대박이었다. 7분 만에 600켤레를 팔아 35억
원 매출을 올렸다. 그들이 판 신발은 독특하다. 절대로 신을
수 없는 신발이다. RTFKT는 가상 운동화를 파는 기업이
다. 운동화를 구매한 사람에게 NFT를 제공하며 소유권을
보증한다. '상징' 그 자체를 파는 셈이다. 실제 스니커즈와 달
리 NFT 운동화는 이것을 보관해야 하는 물리적인 공간이
필요 없다. 도둑맞을 위험도 없으며, 관리 소홀에 따른 손상
위험도 없다. 시간이 지나도 낡지 않는다. 거래하기도 간편
하다.

거대한 기업이 거금을 들여 RTFKT를 인수했다. 바로

나이키다. 나이키는 왜 가상 운동화 브랜드를 품었을까. 나이키는 신발과 옷을 파는 기업이지만, 그것만이 전부는 아니다. 나이키는 그 자체로 하나의 문화다. 이런 지위를 누리는 기업들은 강력한 팬덤을 활용해 다양한 사업에 진출할 수 있다. 최근 나이키는 세계 최대 메타버스 플랫폼 '로블록스' 세상 안에 '나이키랜드'를 세웠다. 여기에 NFT 운동화까지 인수했다. 나이키가 그리는 큰 그림을 예측하는 건 어렵지 않다. 앞으로 스니커즈 리셀 시장은 오프라인과 가상현실 두 곳 모두에서 동시에 성장할 것이다. 수집은 인간의 오래된 본능이다.

맥도날드는
세계 최대
부동산 기업입니다

#마이클버리
#레이크록
#세상을_바꾸는_기업들을_보라

좋은 예술은 어떤 식으로든 우리 삶에 관여한다. 영화 역시 예술이다. 어떤 영화를 보고 나면 내 삶까지 되돌아보게 된다. 어떤 영화는 '조금 더 잘 살아야겠다'라는 목표 의식을 심어준다. 또 어떤 영화는 세상을 바라보는 시야를 넓혀준다.

경제와 관련한 영화는 어떤가. 경제라는 단어만 들어도 딱딱하게 느껴질 수 있다. 그럼에도 나는 경제를 주제로 삼은 영화는 되도록 챙겨본다. 우리 삶을 좌우하는 가장 중요한 요소가 경제이기 때문이다. 경제에서 자유로운 사람은 단 한 명도 없다. 그렇기에 평균 이상의 경제적 인사이트를 보유한 사람은 무조건 유리하다. 영화를 통해서도 경제 공부를 할 수 있다.

〈빅쇼트〉,
누구나 틀릴 수 있다

해외주식 투자자가 늘어나면서 우리나라에서도 명성을 얻은 투자자가 있다. 아크 인베스트 수장 캐시 우드다. 아크 인베스트가 운용하는 ETF 수익률이 치솟으며 전 세계가 캐시 우드를 주목했다. 캐시 우드의 투자 스타일을 요약하면 '혁신기업'이다. 그는 "세상을 바꾸는 기업에 투자하라"라고 주장한다. 지금 당장은 수익을 못 내고 있더라도 혁신기술을 확보한 기업에 선제적으로 투자하라는 의미다. 이 원칙을 적용해 캐시 우드가 오랫동안 투자해온 기업이 테슬라다. 세상이 테슬라를 두고 곧 망할 회사라며 조롱할 때도 캐시 우드는 테슬라를 지지하고 투자를 늘렸다.

이런 캐시 우드에게 의문을 품고 선전포고한 사람이 마이클 버리다. 마이클 버리 역시 월스트리트의 거물 투자자다. 그는 캐시 우드와 테슬라를 동시에 공격했다. 테슬라 주가가 반토막이 나도 전혀 이상하지 않을 거라고 말했다. 테슬라 주식에 거품이 가득하다는 것이 마이클 버리의 주장이었다. 그는 테슬라 주가 하락에 큰돈을 베팅했다. 캐시 우드는 마이클 버리를 향해 "그는 혁신에 대해 잘 모르는 것 같다"라며 불편한 기색을 드러냈다.

결과는 어떻게 됐을까. 마이클 버리의 완벽한 패배로 끝났다. 그의 예상과 달리 테슬라 주가는 꾸준히 우상향했다. 이유 없는 주가 상승도 아니었다. 테슬라 전기차 판매량이 늘어나며 실적이 시장 예상보다 더 크게 개선됐다. 마이클 버리는 "더 이상 테슬라 하락에 투자하지 않겠다"라며 백기 투항을 했다. 자신의 실패를 인정했다.

마이클 버리는 영화 〈빅쇼트〉(2015)의 주인공이다. 영화 속에서 크리스찬 베일이 연기한 남자의 실제 모델이 마이클 버리다. 그는 글로벌 금융위기가 터지기 전 누구보다 빠르게 서브프라임 모기지 사태를 예측한 인물이다. 자본시장 붕괴에 큰돈을 베팅했고, 어마어마한 수익을 거두며 전 세계 금융시장에 자신의 이름을 알렸다. 영화 〈빅쇼트〉는 마이클 버리라는 사람이 얼마나 영민하고 인내심 강한 투자자인지 묘사한다. 그래서 마이클 버리가 테슬라 주식에 대해 부정적인 목소리를 내고 캐시 우드를 의심할 때 많은 사람은 이번에도 그가 옳을 것이라고 확신했다.

투자가 어려운 이유는 누구든 틀릴 수 있기 때문이다. 지난번에 맞췄다고 이번에도 맞출 수는 없는 법이다. 마이클 버리처럼 천재적인 감각을 타고난 투자자라고 해도 마찬가지다. 누구나 실수를 저지른다. 하지만 자신의 실수를 깨닫고 깨끗하게 인정하는 사람은 드물다. 마이클 버리는 자신이 내린 틀린 결정에 대해 승복했다. 그는 자신이 왜 틀렸는지 꼼꼼하게 복기할 것이다. 무서운 사람은 언제나 정답을 맞히는 사람이 아니라, 자신이 저지른 오류를 정확하게 바라보며 분석하는 사람이다.

〈파운더〉, 왜 그들은 계속 부동산을 사는가

국내 기업 중 무서운 속도로 성장하는 곳이 있다. 가상화폐 거래소 업비트를 운영하는 두나무 이야기다. 투자 업계에서는 두나무 몸값을 최소 20조 원으로 평가한다. LG전자와 맞먹는 시가총액이다. 두나무가 성장한 건 가상화폐 시장이 확 커졌기 때문이다. 업비트 누적 가입자만 1000만 명에 육박한다. 최근 발표한 두나무 실적을 보고 놀란 사람이 많다.

영업이익률이 무려 92%다. 두나무가 '효율적으로' 돈을 잘 버는 무서운 기업이라는 뜻이다. 대부분 수익이 가상화폐 거래 수수료에서 나오기 때문에 큰 비용을 들이지 않고도 돈을 쓸어 담는다.

이렇게 가상화폐를 통해 어마어마한 돈을 벌어들이는 두나무는 최근 부동산에 투자했다. 서울 강남구 삼성동 코엑스 인근 땅과 빌딩을 3000억 원에 매입했다. 서울 안에서도 가장 좋은 입지에 있는 부동산을 산 것이다. 그것도 100% 현금으로. 두나무는 그곳에 신사옥을 지을 예정이다. 가상화폐를 통해 현금을 벌어들인 기업 역시 부동산에 투자하는 것이다. 왜 그럴까. 부동산도 비트코인처럼 희소한 자산이기 때문이다. 현금의 가치는 시간이 지날수록 하락하기에 기업들은 이 현금을 어딘가에 저장해둬야 한다. 현재까지 이 역할을 가장 잘 수행하는 자산이 부동산이다.

영화 〈파운더〉(2016) 역시 결국 부동산의 위력에 대해 말한다. 이 영화는 맥도날드라는 기업을 글로벌 프랜차이즈로 일군 레이 크록이라는 남자에 관한 작품이다. 레이 크록은 식당에 밀크셰이크 기계를 판매하는 세일즈맨이었다. 어느 날 한 식당에서 한 번에 꽤 많은 밀크셰이크 기계를 주문했다. 레이 크록은 호기심이 생겨 직접 그 식당을 찾는다. 그곳은 맥도날드 형제가 운영하는 햄버거 가게였다. 당시만 해도 맥도날드는 동네 맛집 정도였다. 레이 크록은 맥도날드 형제에게 프랜차이즈 사업을 제안하며 그들의 동업자가 된다. 그리고 결국 본인이 맥도날드를 모두 삼킨다. 맥도날드 형제는 맥도날드에서 쫓겨난다. 여기까지만 보면 레이 크록은 피도 눈물도 없는 잔인한 기업인처럼 보인다. 하지만 맥도날드를 세계적인 기업으로 키운 건 레이 크록이다. 그는 어떻게 맥도날드 제국을 일궜을까?

미국 전역에 많은 맥도날드 지점을 내고도 레이 크록은 위기에 봉착했다. 생각보다 본사로 들어오는 돈이 적었기 때문이다. 이때 한 재무 전문가가 레이 크록에게 조언한다. 그는 "본사가 맥도날드 지점이 들어설 땅을 직접 매입하고, 점주들에게 임대료를 받아야 합니다"라고 말했다. 레이 크록은 이 방침을 철저하게 따랐다. 맥도날드라는 기업의 정체성을 햄버거 가게에서 부동산투자사로 바꾼 것이다. 본사에서 상권을 꼼꼼하게 따진 후 유망한 지역의 땅을 사들이고 그곳에서 맥도날드를 운영할 점주를 모집하는 방식이다. 본사는 가맹점으로부터 로열티와 함께 임대료까지 챙긴다. 이 공식을 미국뿐만 아니라 전 세계에 적용했다. 이것이 오늘날 맥도날드라는 제국을 만들었다.

현금을 잘 버는 기업들을 유심히 보라. 제각각의 사업이나 서비스로 돈을 벌지만, 결국 마지막에는 무엇에 투자를 하는지. 대부분은 부동산을 산다.

예술가들의 재테크

최고의 예술가는
최고의 사업가다

⚡ '보위 채권'을 발행한 데이비드 보위

🎹 글렌 굴드, 고독했던 피아니스트, 주식투자의 천재

🎨 반전을 꿈꿨던 미술 컬렉터, 빈센트 반 고흐

🎤 비욘세, "공연료는 됐고, 지분으로 주시죠"

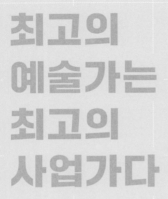

최고의
예술가는
최고의
사업가다

#보위채권
#컬렉터
#스웩
#돈_벌기도_예술이다

과거에도 오늘날에도 '예술'은 '돈'이라는 세속적인 가치와 가장 멀리 떨어져 있는 영역으로 여겨진다. 앤디 워홀의 생각은 정반대였다. 워홀은 "돈 벌기는 예술이고, 일하는 것도 예술이며, 좋은 사업은 최고의 예술"이라고 말했다. 그의 말을 응용하면 최고의 예술가는 훌륭한 사업가이기도 한 것이다. 예술도, 사업도 결국 무언가를 창조하는 일이기 때문일까? 워홀처럼 성공한 예술가에게서 사업가적 기질을 발견하는 건 어렵지 않다. 보위, 굴드, 고흐, 비욘세. 여기 네 명의 스타가 있다. 그들이 어떤 식으로 돈을 벌었는지, 혹은 벌고자 했는지 소개한다.

예술가들의 재테크

보위는 혁신가였다. 그는 한곳에 머물 줄 모르는 인간이었다. 글램록 장르를 개척하며 명성을 얻은 보위는 한순간에 자신의 장르를 떠났다. 이후 디스코, 재즈, 전자음악 등 다양한 영역에 도전하며 새로운 음악을 선보였다. 보위가 도전한 영역은 음악뿐만이 아니다. 보위는 연기도 했다. 영화 〈전장의 크리스마스〉(1983)에 출연해 인상적인 연기를 펼쳤다. 〈바스키아〉(1996)에선 본인과도 친분이 있었던 앤디 워홀 역할을 맡았다.

보위는 돈을 버는 재능도 뛰어났다. 1997년 그는 자신의 음악을 담보로 채권을 발행한다. '보위 채권'으로 불렸던 이 상품은 287곡에서 발생할 저작권 수익을 기초자산으로 삼았다. 지식재산권을 담보로 한 최초의 금융상품이었다. 채권 발행으로 보위는 한번에 5500만 달러를 벌었다. 보위 채권의 연 금리는 7.9%였다. 미국채 10년물 금리가 6.7%인 시대였다. 2016년 보위가 세상을 떠났을 때 그가 남긴 유산은 1200억 원이었다.

글렌 굴드, 고독했던 피아니스트, 주식투자의 천재

글렌 굴드는 20세기가 낳은 가장 독특한 피아니스트다. 바흐의 〈골드베르크 변주곡〉을 파격적으로 해석해 명성을 얻은 글렌 굴드. 그는 기행의 아이콘이었다. 사람과 잘 어울릴 줄 모르는 건 기본이었다. 한여름에도 종종 코트를 입고 장갑을 꼈다. 세균으로부터 자신을 보호하기 위해서였다. 전성기였던 32세에 "청중 앞에서 연주하는 건 고통"이라며 무대를 떠난다. 이후 단 한 번도 무대에 오르지 않고 스튜디오 녹음 작업만 했다.

무대를 떠난 후 굴드는 은둔자가 됐다. 대부분의 시간을 빛이 들어오지 않는 깜깜한 집에서 보냈다. 제대로 된 연애도, 결혼도 하지 않고 마지막까지 혼자였다. 굴드에 대해서 잘 알려지지 않은 사실이 있다. 그는 주식투자로 큰돈을 번 뛰어난 투자자였다. 그가 어떤 기준으로 주식 종목을 골랐는지는 상세히 알려져 있지 않다. 다만 투자한 기업이 제대로 돌아가고 있는지 확인하기 위해서 직접 기업 시찰을 나설 정도로 철두철미했다. 피아노를 연주할 때 단 한 음조차 원하는 대로 표현 못 하면 괴로워했던 완벽주의자의 면모로 주식 종목을 골랐을 것이 분명하다. 굴드는 주식투자로 많은 돈을 벌고도 소비의 즐거움은 그다지 누리지 않았다. 그는 재산 대부분을 동물보호단체에 기부하고 떠났다.

반전을 꿈꿨던 미술 컬렉터, 빈센트 반 고흐

고흐는 압생트를 즐겨 마셨다. 그의 삶은 압생트처럼 씁쓸한 맛으로 가득하다. 생전 자신의 그림을 단 한 점밖에 못 팔았던 고흐는 동생 테오가 보내주는 생활비로 근근이 버텼다. 우울, 울분, 광기, 무력함 속에서 오직 그림에만 매달리다가 결국 미쳐버렸다. 스스로 귀를 자르고, 자신에게 쏠 권총을 들고 밀밭으로 들어가 방아쇠를 당겼다.

쓸쓸한 삶을 버티다가 외로이 퇴장한 화가. 하지만 '그림 그리기' 이외에도 고흐가 열정을 쏟아부은 대상이 있었다. 고흐는 일본 문화 '덕후'였다. 정확히 말하면 일본 풍속화를 일컫는 우키요에의 매력에 푹 빠졌다. 물론, 당시 인상파 화가 대부분은 우키요에에 영향을 받았다. 유럽 전반에 일본 풍이 유행하기도 했다. 하지만 고흐의 애착은 남달랐다. 그는 없는 돈을 끌어모아 우키요에를 수집했다. 취미로서의 수집 수준을 넘어섰다. 400여 점의 우키요에를 확보한 고흐는 파리에서 전시회도 개최했다. 외골수인 줄로만 알았던 고흐가 미술 컬렉터 겸 전시기획자였다는 점은 선뜻 받아들이기 어렵다. 하지만 고흐는 (비록 실패했지만) 경제적인 성공을 추구한 예술가였다. 그는 동생 테오에게 쓴 편지에 "그림으로 돈을 벌기 위해 노력하는 것은 절대적으로 나의 의무다"라고 적었다. 만약 고흐가 미치지 않고 오래 살았더라면 화가로서 혹은 컬렉터로서 성공을 맛보지 않았을까.

비욘세,
"공연료는 됐고,
지분으로 주시죠"

언젠가부터 '스웩swag'이란 단어는 '돈 자랑'과 동의어가 됐다. 비욘세, 제이지 부부의 스웩은 스케일이 다르다. 제이지는 아내 생일선물로 섬을 통째로 선물했다. 이 섬의 가치는 240억 원이었다. 비욘세의 통은 더 컸다. 제이지 생일 때 460억 원에 달하는 제트기를 선물했다. 누군가는 이런 걱정을 했을 수도 있다. '세상에서 가장 잘나가는 부부라지만 이렇게 돈을 써도 괜찮을까?' 물론 괜찮다. 비욘세가 한 번의 공연만으로 받는 돈은 수십억이니까. 게다가 비욘세는 영민한 투자자다. 2015년 차량 호출 서비스 업체 우버Uber는 자사 행사에 비욘세를 섭외했다. 우버가 비욘세에게 줘야 할 공연비는 600만 달러였다. 우버라는 기업의 가능성을 알아본 비욘세는 현금 대신 우버 지분으로 공연비를 받았다. 우버의 가치는 계속 상승했다. 2019년 우버는 뉴욕증권거래소에 상장했다. 비욘세가 보유한 우버 지분 가치는 600만 달러에서 3억 달러로 치솟았다.

쌍둥이 출산 후 잠시 휴식기를 가진 비욘세는 코첼라 무대를 통해 화려하게 복귀했다. 비욘세가 코첼라 공연비로 받은 돈은 약 400만 달러다. 물론 어마어마한 금액이다. 하지만 코첼라 헤드라이너였던 아리아나 그란데는 800만 달러를 받았다. 개런티는 두 배나 차이 나지만 결과적으로 코첼라 공연을 통해 벌어들인 돈은 비욘세가 훨씬 많았다. 비욘세는 미리 넷플릭스와 손을 잡았다. 자신이 코첼라를 통해 복귀하는 과정 자체를 다큐로 찍기로 한다. 이 과정을 담은 〈홈커밍〉은 2019년 4월 공개됐다. 넷플릭스가 이 다큐를 찍기 위해 비욘세에게 투자한 금액은 6000만 달러다.

초판 1쇄 2022년 4월 5일

지은이 조성준
펴낸이 박진숙 | **펴낸곳** 작가정신
편집 황민지 | **디자인** 나영선 | **마케팅** 김미숙
홍보 조윤선 | **디지털콘텐츠** 김영란 | **재무** 오수정
인쇄 및 제본 한영문화사

주소 (10881) 경기도 파주시 문발로 314
대표전화 031-955-6230 | **팩스** 031-944-2858
이메일 editor@jakka.co.kr | **블로그** blog.naver.com/jakkapub
페이스북 facebook.com/jakkajungsin | **인스타그램** instagram.com/jakkajungsin
출판 등록 제406-2012-000021호

ISBN 979-11-6026-280-3 03320